JN430643

기독교문서선교회 (Christian Literature Center: 약칭 CLC)는 1941년 영국 콜체스터에서 켄 아담스에 의해 시작되었으며 국제 본부는 미국 필라델피아에 있습니다. 국제 CLC는 약 650여 명의 선교사들이 59개 나라에서 180개의 서점을 운영하며 이동 도서 차량 40대를 이용하여 문서 보급에 힘쓰고 있으며 이메일 주문을 통해 130여 국으로 책을 공급하고 있는 국제적 문서선교 기관입니다.

추천사 1

김 인 중 목사

안산동산교회 원로목사, 안산동산고등학교 설립이사장

이번에 사랑하고 기대하는 한민수 목사가 『성경이 말하는 예수 그리
스도』라는 책을 출판하게 되어 진심으로 감사하며 축하한다. 예수님은
우리의 구원이시다. 예수님은 하나님의 아들이며, 온 인류의 죄를 위해
이 땅에 구원자로 오셨다. 삼 년의 공생애를 통해 하나님의 나라 복음
을 전하고, 병든 자를 치유하시고, 귀신을 쫓아내셨다. 그리고 종국에
는 십자가의 죽음과 부활로 구원을 이루셨다.

하나님은 구약성경을 통해 이 땅에 유다 지파, 다윗의 자손에게서 인
류를 구원하실 메시아를 보내실 약속을 하셨다. 예수님은 하나님의 약
속대로 이천 년 전, 유대 땅 베들레헴에 태어나셨다. 하나님 약속의 성
취셨다. 예수님을 믿고 영접할 때 하나님의 자녀가 된다. 동시에 성령
이 임하신다. 이제 주님을 고백하는 그리스도인들은 복음을 전할 사명
을 갖는다. 예수는 '주'요. 예수는 '그리스도', '구원'이라는 믿음이요.
복음이다.

그러나 예수님에 대해 얼마나 알고 있는가?

그래서 본서는 특별하다. 성경을 통해 예수님을 알아가고, 그분이 누구신가, 어떠한 사역을 하셨는가를 알아가는 재미가 본서에 가득하다. 성경을 진지하게 분석하고, 주제별로 나눠서, 예수님에 대한 아름다운 이야기로 가득 차 있다.

본서는 특별히 이러한 분들에 더 추천하고 싶다.

첫째, 내가 믿는 성경과 하나님을 가족과 이웃에게 쉽고 분명하게 전도하고 싶은 분들.

둘째, 교회를 5년, 10년 다녔어도 구원의 확신이 없는 분들.

셋째, 내가 믿는 종교와 기독교의 다른 점은 무엇인가를 알고 싶은 분들.

넷째, '나는 누구인가? 왜, 사는가? 어떻게 살아야 하는가? 어디로 가고 있는가? 누구를 믿어야 하는가?'를 진지하게 고민하는 분들.

예수님을 알 때 모든 문제에 대한 명쾌한 답을 알게 된다.

『성경이 말하는 예수 그리스도』를 읽으면서 예수님을 알 때 모든 문제에 대한 명쾌한 답을 알게 될 것이다. 본서를 읽으면서 신약성경이 말하는 예수님을 깊이 이해하게 될 것이다. 본서는 한국의 목회자, 신학생, 성도, 한국 교회가 꼭 읽어 봐야 할 가치가 있는 책으로 강력히 추천한다.

추천사 2

이 성 희 박사

California University of Missions 총장

기독교 신앙은 성경을 기초로 세워지고 다듬어지고 완성된다. 올바른 성경해석학의 토대 위에 기초한 조직적인 신학의 체계를 이해하고, 성경 속에 드러난 그 백성을 향한 하나님의 음성을 듣는다. 그리고 삶의 현장 속에서 실천과 적용의 과정에서 성장하고 하나님 형상을 닮아가는 존재가 된다. 한민수 목사가 본서의 머리말에서 던진 것처럼 성경 속에 그 모든 답이 있다.

『성경이 말하는 예수 그리스도』는 이러한 관점에서 성경을 바라보고 분석하고 그 답들을 찾기 위하여 고심한 흔적이 면면히 드러난다. 그것도 책상 위에서만이 아닌 본인의 목회 사역과 성도들의 삶의 환경 속에서 어떻게 성숙한 그리스도인으로서 자리매김하게 할 것인가를 기도하며 쓴 역작이다.

예수님을 깊이 알고 믿기를 소망하는 그리스도인들에게, 성경에서 온전한 답을 찾아가는 신앙의 길잡이 역할을 하기에 너무나 좋은 책이다. 예수님을 더욱 바르게 믿고, 예수님에 대해 알아가기 위해서, 교회 성

경 공부 교재로 쓰기에도 좋고 구역, 셀 모임, 청년들이 공부하기에 너무 좋은 책이다. 아무쪼록 본서가 한국 교회에서 읽히고 나누어짐으로 많은 사람이 성경이 말하는 예수 그리스도에 대한 답을 찾아 그리스도의 장성한 분량에 이르기를 소망하며 일독을 강력히 추천하는 바이다.

추천사 3

안 인 섭 교수

총신대학교 신학대학원 역사신학

기독교 신앙의 본질은 언제나 "예수 그리스도는 누구이신가"라는 질문에 있다. 교회의 역사와 신학의 전통은 이 물음을 중심으로 전개되어 왔으며, 오늘날에도 여전히 모든 신앙인의 삶과 정체성을 규정하는 근본적 과제이다.

한민수 목사는 본서에서 성경이 직접 증언하는 예수 그리스도의 인격과 사역을 충실히 탐구하며, 독자들이 성경의 언어를 따라 주님을 인격적으로 만날 수 있도록 따뜻하면서도 정밀하게 안내한다.

본서는 단순한 교리적 요약이나 교재적 성격을 넘어선다. 저자는 목회 현장의 경험과 신학적 성찰을 긴밀히 결합하여, 성경 본문이 증언하는 그리스도의 정체성을 신앙적이고 실천적인 차원에서 해석해 낸다. 그 결과, 신학적 깊이와 목회적 따뜻함이 함께 살아 있으며, 이는 곧 학문과 신앙, 교리와 삶이 유기적으로 연결되어야 한다는 개혁주의 전통의 정신을 잘 보여준다.

특히, "예수는 생명의 떡이시며, 세상의 빛이시며, 선한 목자이시다"라는 성경의 위대한 선언을 따라가며, 독자들은 추상적 개념이 아니라 살아 계신 주님을 실제로 대면하게 된다. 이 과정은 단순한 정보의 습득을 넘어, 신앙적 확신과 영적 생동감을 회복하도록 이끈다.

무엇보다 오늘날 우리는 포스트모던 사회의 상대주의, 종교다원주의의 도전, 그리고 물질주의와 세속주의의 거센 파도 속에 서 있다. 교회 안에서도 신앙의 본질이 희미해지고, 그리스도의 유일성과 절대성이 상대화되는 경향이 두드러진다. 바로 이때 『성경이 말하는 예수 그리스도』는 우리를 다시금 성경이 선포하는 예수님께로 이끌어, 참된 복음의 본질과 구원의 확신을 회복하게 하는 귀한 나침반이 될 것이다.

따라서 본서는 신학생들에게는 신학적 기초를 세우는 교본이 되며, 목회자들에게는 복음 선포의 본질을 되새기게 하는 거울이 되고, 성도들에게는 시대적 혼란 속에서도 흔들리지 않는 믿음을 붙드는 동반자가 될 것이다.

나는 사랑하는 제자 한민수 목사의 이 귀한 저술을 기쁨으로 추천하며, 본서를 읽는 모든 사람이 예수 그리스도의 풍성한 은혜와 영원한 생명을 새롭게 누리기를 간절히 소망한다.

추천사 4

강 태 윤 선교사

이스라엘 베들레헴 한국문화원 원장

우리가 믿는 예수님에 대해 얼마나 제대로 알고 있는지는 중요한 일이다. 제대로 알고 제대로 믿어야 하기 때문이다. 우리가 선교하고 있는 이스라엘 베들레헴에 매년 전 세계에서 수많은 순례객이 예수님이 태어나신 장소를 보기 위해 방문한다. 각국에서 오는 엄청난 순례객들을 보면서 혼자 생각할 때가 있다.

진정 예수님에 대해 바로 알고 순례 왔을까?

귀하신 한민수 목사가 예수님을 바로 알고 이해할 수 있도록 간결하고 쉽게 정리한 『성경이 말하는 예수 그리스도』를 출판하셔서 감사한 마음으로 축하한다.

베들레헴 선교사로서, 바라기는 성지순례를 오시기 전 본서를 읽어 보고 베들레헴에 오시면 은혜가 배가 되리라 믿으며 추천의 말씀을 나눈다.

추천사 5

장 익 봉 목사

청평교회 담임목사. 칼빈대학교 교수

목회자요 신학자로 끊임없이 연구하고 그것을 전하는 존경하는 동역자 한민수 목사의 책『성경이 말하는 예수 그리스도』가 출간되어 매우 기쁘다. 사람이 태어나서 단 한 번의 인생을 살지만, 어릴 적에 꿈꾸고 그 꿈을 이루며 한 길, 즉 외길을 걷는다는 것은 쉬운 일이 아니다.

주변을 둘러보면 이미 가던 길을 포기한 사람들이 보이고, 다른 길을 찾는 사람들이 많이 있다. 그러나 내가 아는 한민수 목사는 복음에 대한 열정을 품고 청소년 시기부터 지금까지 오직 성경을 연구하고 성경을 전하는 길을 누구보다 열정적으로 달려가는 사명자이다.

본서는 성경을 통해 예수님의 존재와 사역을 쉽고 재미있게 그러나 치우치지 않게 전하고 있기에 읽는 내내 즐거웠다. 목회자라면 본서를 통하여 예수님을 소개할 통찰력(insight)을 많이 얻을 수 있을 것이며, 신학생이라면 어떻게 성경을 연구하여 전해야 할지 발견할 수 있을 것이며, 성도라면 성경을 통한 균형 잡힌 예수 그리스도 발견하게 될 것을 확신한다. 모든 분께『성경이 말하는 예수 그리스도』를 적극 추천한다.

성경이 말하는
예수 그리스도

Jesus Christ of the Bible
Written by Han Min Soo
All rights reserved.
Korean Edition Copyright ⓒ 2025 by Christian Literature Center, Seoul, Korea.

성경이 말하는 예수 그리스도

2025년 10월 10일 초판 발행

지은이 |한민수

편집 |서춘교
디자인 |박성준
펴낸곳 | (사)기독교문서선교회
등록 | 제16-25호(1980.1.18.)
주소 | 서울특별시 동대문구 천호대로71길 39
전화 | 02-586-8761-3(본사) 031-942-8761(영업부)
팩스 | 02-523-0131(본사) 031-942-8763(영업부)
이메일 | clckor@gmail.com
홈페이지 | www.clcbook.com
송금계좌 | 기업은행 073-000308-04-020 (사)기독교문서선교회
일련번호 | 2025 - 82

ISBN 978-89-341-2864-9 (03230)

▍성경이 말하는 예수 그리스도 ▍

예수 그리스도

한민수 지음

JESUS

CLC

목차

들어가며

예수님은 누구신가?

그리스도인들에게 가장 중요한 질문이다.

그러나 '나는' 예수님에 대해 얼마나 알고 있는가?

예수님을 누구라 생각하는가?

내가 알고 배워온 예수님은 과연 성경 속 예수님이신가?

성경은 예수님에 대해 어떻게 말씀하시는가?

우리는 성경을 읽는다. 설교를 듣고 성경 공부를 한다. 그런데 속 시원하게 예수님에 대해 알지도 못한다. 문제는 많은 그리스도인이 성경을 읽지 않는다. 복음서조차도 읽지 않는다. 성경의 의미를 모르니 성경 읽기를 주저한다. 지루한 책이다. 교회 가서 설교 듣는 것이 전부이다. 혹시나 성경, 예수님에 관심을 가져 인터넷 유튜브(YouTube)를 보거나 검색 글을 본다. 그러나 이단, 사이비, 비성경적 내용의 글들과 영상들이 넘쳐난다.

바른 성경적, 신학적 지식이 없으니 분별하지 못한다. 그래서 이단에 유혹되고 잘못된 성경 지식을 가지게 된다. 우리는 성경을 바로 알아야 한다. 성경이 말씀하시는 예수님을 알아야 한다.

예수님은 무슨 사역을 하셨는가?

왜, 예수님은 이 땅에 오셨는가?

왜, 예수님이 구원인가?

십자가 사건은 무슨 의미인가?

예수님에 대한 예언과 성취는 무엇인가?

성경에서 말하는 예수님은 누구신가?

예수님은 태초에 하나님과 함께 계신 창조주이며, 하나님(요1:1-2; 요일5:20)이시다. 알파(A)와 오메가(Ω), 이제도 있고 전에도 있었고 장차 올 자요 전능한 자(계1:8), 하나님의 아들(마3:17; 16:16), 주와 그리스도 곧 메시아(요1:41; 행2:36), 임마누엘(마1:23), 교회의 머리(엡1:22), 영생의 떡(요6:50-51), 양의 문(요10:7), 선한 목자(요10:11), 참포도나무(요15:1), 생명의 빛(요1:4), 부활과 생명(요11:25), 인자(the Son of Man)이며 안식일의 주인(마12:8), 길이요 진리요 생명이다(요14:6).

본서는 깊은 신학적 지식을 전하지 않는다. 오히려 성경을 전한다. 성경 그대로 읽으며 주제별로 예수님에 대해 탐구한다. 그래서 성경이 가득 담긴 책이 되었다. 아무쪼록 본서를 읽는 독자들이 예수님에 대한 추상적 지식이 아니라 바른 지식을 알고 예수님을 믿기를 바란다.

참고로, 본서를 읽는 독자들에게 팁을 드리면, 성경 요절의 검은색 글씨를 눈여겨 보시기를 추천한다. 본서는 성경을 주제별로 분류했는데, 요절의 검은색 글씨가 그 주제의 핵심 내용이기 때문이다 마지막으로 책 출간을 위해 애써 주신 기독교문서선교회 대표와 직원들, 추천사로 책을 빛나게 해주신 김인중 목사(안산동산교회 원로목사), 이성희 총장(미국 California University of Missions), 안인섭 교수(총신대 신대원 역사신학), 강태윤 선교사(이스라엘 베들레헴), 장익목 목사(청평교회 담임목사, 칼빈대 교수), 그리고 아내와 세 아이(시은, 세진, 세현), 목회 동역자들, 섬기는 교회 성도들께 기쁨과 감사를 전한다.

제1장

예수님은 누구신가?

예수님은 영원히 하나님이시다. 삼위일체로서 하나님의 아들인 성자(聖子)이며 우리의 구원자, 주(Lord)시다. 예수님은 하나님의 원대한 구원 계획대로 이 땅에 오셨다. 성령으로 잉태하여 완전한 인간의 몸으로 태어나셨다. 그리고 십자가의 죽음과 부활로 구원을 이루셨다. 바울은 "너희 안에 이 마음을 품으라 곧 그리스도 예수의 마음"(빌 2:5)에 대해 설명하면서 예수님의 낮아짐과 높아지심에 대해 설명한다.

> 그는 근본 하나님의 본체시나 하나님과 동등됨을 취할 것으로 여기지 아니하시고 오히려 자기를 비워 종의 형체를 가지사 사람들과 같이 되셨고 사람의 모양으로 나타나사 자기를 낮추시고 죽기까지 복종하셨으니 곧 십자가에 죽으심이라 이러므로 하나님이 그를 지극히 높여 모든 이름 위에 뛰어난 이름을 주사 하늘에 있는 자들과 땅에 있는 자들과 땅 아래에 있는 자들로 모든 무릎을 예수의 이름에 꿇게 하시고 모든 입으로 예수 그리스도를 주라 시인하여 하나님 아버지께 영광을 돌리게 하셨느니라(빌 2:6-10).

예수님은 신약성경의 주인공이시다. 구원 역사의 주인공이다. 사복
음서는 예수님의 삶, 죄인을 구원하기 위한 예수님의 공적인 삶(공생애)
의 기록이다. 공생애의 3대 사역은 하나님의 말씀을 선포하고 가르침과
병든 자 치료, 축귀(逐鬼) 사역이다. 그리고 십자가 사건이다. 십자가에
서 죽이시고 사흘 만에 부활하셨다. 부활의 몸으로 사십 일 동안 제자
들을 가르치시고 하늘로 승천하셨다. 예수님은 다시 오실 것을 약속하
셨다. 재림(再臨)이다.

예수님은 제자들에게 "예루살렘을 떠나지 말고 내게서 들은 바 아버
지께서 약속하신 것을 기다리라 … 너희는 몇 날이 못되어 성령으로 세
례를 받으리라"(행 1:4-5), "오직 성령이 너희에게 임하시면 너희가 권능
을 받고 예루살렘과 온 유대와 사마리아와 땅 끝까지 이르러 내 증인이
되리라"(행 1:8)라고 하셨다. 오순절 날에 약속대로 성령이 임하셨다(행
2:1-4). 성령이 임한 베드로와 제자들은 담대해 십자가의 복음을 전했다
(행 2장). 그중에는 다메섹 도상에서 부활하신 예수님을 만난 바울이 있
다(행 9장). 바울은 이방인의 사도로 소아시아와 유럽에 복음을 전했다.
교회가 세워지고 서신들로 교리가 정립되었다.

그렇다면, 예수님은 누구신가?

1. 예수

'예수'의 뜻은 '구원'이다. 예수님께서 이 땅에 오신 목적과 의미를 가장 잘 나타내 준다. 그러나 유대 사회에서 예수라는 이름은 흔한 이름이었다. 구약에는 여호수아(Joshua), 예수아(Jeshua)가 있다. 히브리어로 여호수아(יהושע)와 예수아(ישוע)는 '여호와는 구원이시다' 라는 의미이다.

마태복음 1장 21절에서 예수라는 이름의 의미를 더욱 상세하게 밝혀준다.

> 아들을 낳으리니 이름을 예수라 하라 이는 그가 자기 백성을 그들의 죄에서 구원할 자이심이라 하니라 (마 1:21).

예수님은 '구원'이라는 이름처럼 '자기 백성을 그들의 죄에서 구원하실 분'이시다. 예수님은 죄인들을 구원하기 위해 이 땅에 오셨다.

2. 임마누엘

'임마누엘'(עמנואל)은 이사야 7장 14절에 처음 나온다. 히브리어로 임마누엘은 '하나님이 우리와 함께 계신다' 라는 의미이다. 임마누엘은 '우리와 함께 있다' 는 임마누(עמנו)와 '하나님'인 엘(אל)의 합성어이다. 이사야 선지자는 장차 하나님께서 보내실 구원자 곧 메시아가 이 땅에 오실 것을 예언했다.

> 그러므로 주께서 친히 징조를 너희에게 주실 것이라 보라 처녀가 잉태하여
> 아들을 낳을 것이요 그의 이름을 임마누엘이라 하리라 (사 7:14).

예수님이 처녀 마리아에게 성령으로 잉태하여 태어난 것은 이사야 선
지자 예언의 성취였다. 마태복음은 이 사실을 증언한다.

> 이 모든 일이 된 것은 주께서 선지자로 하신 말씀을 이루려 하심이니 이르시되 보
> 라 처녀가 잉태하여 아들을 낳을 것이요 그의 이름은 임마누엘이라 하리라 하셨
> 으니 이를 번역한즉 하나님이 우리와 함께 계시다 함이라 (마 1:22-23).

"이 모든 일이 된 것"은 바로 마태복음 1장 18절에서 21절의 말씀을
의미한다. 요셉과 마리아가 약혼하고 동거하기 전에, 마리아가 성령으
로 예수님을 잉태한 것이다. 천사가 요셉에게 꿈에 나타나서 말했다.

> 다윗의 자손 요셉아 네 아내 마리아 데려오기를 무서워하지 말라 그에게 잉
> 태된 자는 성령으로 된 것이라 아들을 낳으리니 이름을 예수라 하라 이는 그
> 가 자기 백성을 그들의 죄에서 구원할 자이심이라 (마 1:20-21).

3. 주(Κύριος)

주(主, Lord)는 헬라어로 '퀴리오스'(Κύριος)이다. 그리스-로마 세계에서 주는 유명한 인물, 주인, 신(神) 등에 사용했다. 로마 초대 황제 아우구스투스(Imperator Caesar divi filius Augustus: B.C 63-A.D 14)는 살아 있는 황제를 신으로 숭배하는 황제숭배를 합법화했다. 그리스-로마의 신들처럼 제국 곳곳에 신전을 지어 황제숭배를 강요했다. 황제는 '주'로 칭송받았다. 그러나 유대인들에게 '주'는 하나님뿐이었다. 유대인들은 '여호와'(יהוה.Jehovah 또는 Yahweh)를 사용하기보다 대체어인 '나의 주'라는 의미인 아도나이(אדני.Adonai)로 사용했다.

히브리어 아도나이는 헬라어로 '퀴리오스'(Κύριος)로 번역되었다. 그래서 유대인들에게 '주'는 주인이나 황제, 신들이 아니라 유일하신 여호와 하나님께 사용했다. 예수님도 하나님을 '주'라고 말씀하셨다. 공생애 시작 때 광야에서 사십 일 금식을 마치고 시험하자는 자 곧 마귀가 예수님을 시험하기 위해 찾아왔을 때 마귀의 유혹을 말씀으로 이기시면서 하나님을 주라고 말씀한다. 그리고 한 율법사에게 율법을 요약해 말씀하실 때도 하나님을 '주'라고 하셨다.

> 예수님께서 이르시되 또 기록되었으되 주 너의 하나님을 시험하지 말라 하였느니라 하시니 … 이에 예수님께서 말씀하시되 사탄아 물러가라 기록되었으되 주 너의 하나님께 경배하고 다만 그를 섬기라 하였느니라(마 4:7,10).

> 그중의 한 율법사가 예수를 시험하여 묻되 선생님 율법 중에서 어느 계명이 크니
> 이까 예수님께서 이르시되 네 마음을 다하고 목숨을 다하고 뜻을 다하여 주 너의
> **하나님**을 사랑하라 하셨으니 이것이 크고 첫째 되는 계명이요(마 22:25-37).

그러나 신약성경에서 대부분은 예수님께 고백으로 사용되었다. 가나
안 여자가 예수님께 나와 "주 다윗의 자손이여 나를 불쌍히 여기소서
내 딸이 흉악하게 귀신 들렸나이다"(마 15:22)라고 고백한다. 예수님은
가나안 여인의 귀신 들린 딸에게 귀신을 쫓아내 주셨다. 시몬 베드로는
빌립보 가이사랴에서 "주는 그리스도시요 살아 계신 하나님의 아들이
시니이다"(마 16:16)라고 고백한다. 제자들이 예수님께 "주"라고 고백한
첫 번째 사건이다. 베드로는 예수께 세 가지 "주", "그리스도", "하나님
의 아들"이라는 예수님의 속성을 고백했다.
마르다는 죽은 나사로에게 찾아오신 예수께 고백했다.

> 주는 그리스도시요 세상에 오시는 하나님의 아들이신 줄 내가 믿나이다
> (요 11:27).

예수님이 십자가에 죽으시고 장사된 지 사흘 만에 무덤에 가보니, 예
수님은 보이지 않으셨다(눅 24:3). 그리고 제자들에게 마지막 명령을 하
시고 승천하실 때(마 16:19), 사도들이 오순절 성령의 임재를 체험하고
성령에 충만하여 담대히 예수님을 "주"(행 4:23)로 증언했다.

들어가니 주 예수의 시체가 보이지 아니하더라(눅 24:3).

주 예수님께서 말씀을 마치신 후에 하늘로 올려지사 하나님 우편에 앉으시니라
(마 16:19).

사도들이 큰 권능으로 주 예수의 부활을 증언하니 무리가 큰 은혜를 받아
(행 4:23).

초대 교회 그리스도인들은 예수님을 '주'로 고백하고 황제를 '주'로
고백하지 않았기 때문에 극심한 핍박과 죽임을 당했다. 그들에게 주는
황제가 아니라 오직 예수 그리스도였기 때문이다.

4. 그리스도(Christ) 곧 메시아(Messiah)[1]

마태복음 1장 16절에서 "야곱은 마리아의 남편 요셉을 낳았으니 마
리아에게서 그리스도라 칭하는 예수가 나시니라"라고 말씀한다. 예수
님이 누구인가를 보여준다. 예수라는 이름을 가진 분은 그리스도라는
이름도 가진다. 히브리어로 '메시아'(משיח, Messiah)는 헬라어 '그리스도'

---

1 메시아(Messiah)는 구약 히브리어로 "משיח"(기름 부음 받은 자)이다. 메시아는 하나
   님께서 구약에서 이 땅에 보내실 구원자이다. 예수님은 하나님의 예언을 성취하신
   메시아로 이 땅에 오셨다. 그리스도는 히브리어 메시아를 신약의 헬라어로 "그리스
   도"(Χριστός)로 번역되었다.

와 같은 의미를 지닌다. 요한은 히브리어를 알지 못하는 성도들에게 부연 설명으로 알려준다.

> 그가 먼저 자기의 형제 시몬을 찾아 말하되 우리가 **메시아**를 만났다 하고 (메시야는 번역하면 **그리스도**라) (요 1:14).

> 여자가 이르되 **메시야** 곧 **그리스도**라 하는 이가 오실 줄을 내가 아노니 그가 오시면 모든 것을 우리에게 알려 주시리이다 (요 4:25).

히브리어로 기록된 구역성경을 헬라어 번역한 성경을 70인역 (라틴어, Septuaginta, LXX)이라고 한다. 70인역 성경에서 히브리어 메시아의 의미인 '기름 부음 받은 자'의 의미를 그리스어로 그대로 번역하여 마시아 (Μασσίας)로 번역해 기록했다. 그리고 신약성경에서 그리스어로 '기름 붓는다'라는 동사인 크리오(Χρίω)에서 그리스도(크리스토스: Χριστός)가 되었다.

구약에서 기름 부음 받아 세운 직분은 세 종류였다.

첫째, 왕이다.

둘째, 제사장이다.

셋째, 선지자이다.

예수님은 세 직분을 가지고 이 땅에 오신 그리스도 곧 메시아이시다.

왜, 마태는 예수님이 태어나는 상황을 기록할 때, "마리아에게서 그리스도라 칭하는 예수가 나시니라"라고 기록했을까?

이유는 창세기 3장 15절의 예언 성취였기 때문이다. 창세기 3장 15절은 하나님께서 뱀에게 하신 말씀이다. 뱀은 에덴동산에서 하와를 유혹해 선악과를 따 먹게 했다. 하와는 아담에게도 선악과를 주어 먹게 했다. 하나님께 대한 불순종이었다. 하나님은 하와를 유혹해 죄를 짓게 한 뱀에게 말씀하셨다.

> 내가 너로 여자와 원수가 되게 하고 **네 후손**도 **여자의 후손**과 원수가 되게 하리니 **여자의 후손**은 네 머리를 상하게 할 것이요 너는 그의 발꿈치를 상하게 할 것이니라 하시고 (창 3:15).

창세기 3장 15절은 원시복음 또는 원복음(proto-evangelium)이라고 한다. 하나님은 아담과 최초로 언약을 맺으셨다. 하나님은 아담에게 "동산 각종 나무의 열매는 네가 임의로 먹되 선악을 알게 하는 나무의 열매는 먹지 말라 네가 먹는 날에는 반드시 죽으리라"(창 2:16-17)라고 말씀하셨다. 그러나 아담은 선악과를 먹었다. 언약을 어긴 불순종의 대가는 죽음과 고통이었다(창 3:16-24).

그러나 하나님은 창 3장 15절을 통해 구원의 은혜를 주셨다. 하나님께서 보내주실 "여자의 후손"인 예수님께서 이 땅에 오셔서 사탄의 죄의 권세를 이기고 죄인들을 구원하실 것이다. 여자의 후손으로 오실 것

에 대해 마태는 의도적으로 아브라함과 다윗의 족보를 기록하면서 먼저
유대 족보 형식인 "아버지가 아들을 낳고"라는 형식으로 "아브라함이
이삭을 낳고 이삭은 야곱을 낳고 야곱은 유대와 그의 형제들을 낳고"(마
1:2)라고 기록한다.

　그러나 다윗의 자손으로 오시는 예수님에 대해서 "어머니가 아들을
낳는" 형식으로 소개한다.

> 마리아에게서 그리스도라 칭하는 예수가 나시니라(마 1:16).

　여자의 후손으로 오시는 예수님에 대한 예언의 성취를 보여주기 위
해서이다. 사도 바울은 갈라디아서 4장 4절에서도 동일한 의미를 신학
적으로 설명한다.

> 때가 차매 하나님이 그 아들을 보내사 여자에게서 나게 하시고 율법 아래에
> 나게 하신 것은 율법 아래에 있는 자들을 속량하시고 우리로 아들의 명분을
> 얻게 하려 하심이라(갈 4:4).

　예수님은 여자의 후손으로 아담의 불순종의 범죄로 인한 온 인류의
죄, 죽음에서 구원하시기 위해 오신 메시아 곧 그리스도이시다. '메시
아'는 히브리어이고 '그리스도'는 헬라어이다. 요한복음 1장 41절에 설
명한다. 시몬의 형제 안드레가 예수님을 만나고 형제 시몬에게 찾아가
"우리가 메시아를 만났다 하고(메시아는 번역하면 그리스도라)"(요 1:41) 소

개한다. 마태는 동족 유대인들에게 전하는 복음서에서 예수님께서 구약에 약속된 다윗의 후손으로 오시는 메시아라는 사실을 증언한다.

> 아브라함과 다윗의 자손 **예수 그리스도**의 계보라(마 1:1)

> **예수 그리스도**의 나심은 이러하니라 그의 어머니 마리아가 요셉과 약혼하고 동거하기 전에 성령으로 잉태된 것이 나타났더니 아들을 낳으리니 이름을 예수라 하라 이는 그가 자기 백성을 그들의 죄에서 구원할 자이심이라 하니라 이 모든 일이 된 것은 주께서 선지자로 하신 말씀을 이루려 하심이니 이르시되 보라 처녀가 잉태하여 아들을 낳을 것이요 그의 이름은 임마누엘이라 하리라 하셨으니 이를 번역한즉 하나님이 우리와 함께 계시다 함이라(마 1:18-23).

빌립보 가이사랴에서 시몬 베드로는 "주는 그리스도"(마 16:16; 막 8:29)라고 고백했다. 누가는 예수님께서 태어나실 때 다윗의 자손으로 오셨기 때문에 "오늘 다윗의 동네에 너희를 위하여 구주가 나셨으니 곧 그리스도 주시니라"(눅 2:11)라고 말씀한다. 마르다도 "주는 그리스도시요"(요 11:27)라고 고백했고, 요한은 요한복음을 기록하는 목적을 다음과 같이 기록한다.

> 오직 이것을 기록함은 너희로 예수님께서 하나님의 아들 그리스도이심을 믿게 하려 함이요 또 너희로 믿고 그 이름을 힘입어 생명을 얻게 하려 함이니라(요 20:31).

베드로는 오순절 성령이 임하고 예루살렘에 나가 '예수가 그리스도'
라 담대히 선포한다.

> 베드로가 이르되 너희가 회개하여 각각 **예수 그리스도**의 이름으로 세례를 받
> 고 죄 사함을 받으라 그리하면 성령의 선물을 받으리니(행 2:38).

초대 교회 성도들은 날마다 성전에서 있든지 집에 있든지 그들이 가
르치고 전도하는 중심은 "예수는 그리스도"(행 5:42)였다. 바울은 하나
님의 아들로 선포된 분은 "우리 주 예수 그리스도"(롬 1:4)라고 말한다.

5. 하나님의 아들

예수님은 삼위일체 위격으로 성자(聖子) 곧 하나님의 아들이시다. 그
러나 동시에 예수님은 하나님이시다. 예수님은 "나와 아버지는 하나이니
라"(요 10:30) 말씀하셨다. 요한은 "그는 참 하나님이시요 영생이시라"(요
일 5:20) 말씀했다. 요한은 예수님께서 하나님이시라는 사실을 증언한다.

> 태초에 말씀이 계시니라 이 **말씀**이 하나님과 함께 계셨으니 이 말씀은 곧 하
> 나님이시니라 그가 태초에 하나님과 함께 계셨고 **만물**이 그로 말미암아 지은
> 바 되었으니 지은 것이 하나도 그가 없이는 된 것이 없느니라 … **말씀**이 육신
> 이 되어 우리 가운데 거하시매 우리가 그의 영광을 보니 아버지의 독생자의

영광이요 은혜와 진리가 충만하더라(요 1:1-3, 14).

태초에 말씀이 계셨으며 이 말씀이 하나님과 동격으로 함께 계셨다. 동시에 하나님이시다. 말씀이 만물을 창조하셨다. 이 말씀은 육신으로 이 땅에 오신 예수님이다. 그러니 예수님은 태초에 하나님과 함께 계셨고 하나님이시며, 만물을 창조하신 창조자이신 것이다. 예수님은 동시에 삼위일체의 제2위인 성자(聖子)로서 존재하신다. 하나님의 아들이시다.

예수님께서 하나님의 아들이라는 사실을 가장 먼저 알고 고백한 자들은 귀신들이다. 왜냐하면, 삼위일체 하나님이신 예수님께서 타락하기 전, 천사를 창조하셨기 때문이다. 타락한 천사인 귀신들은 예수님께서 누구신지를 너무나 잘 안다. 공생애를 시작하면서 광야에서 사십 일 금식 후 첫 번째로 찾아온 자가 "시험하는 자"(The tempter) 마귀였다.

마귀는 예수님을 유혹하면서 가정법으로 "네가 만일 하나님의 아들이어든"(마 4:3, 6)이라 말한다. 그러나 마귀는 예수님이 진정한 하나님의 아들이라는 사실을 알고 있다. 유혹의 언어로 사용할 뿐이다. 귀신들은 예수님께 쫓겨 나갈 때 예수님이 누구인가를 고백하게 된다.

나사렛 예수여 우리가 당신과 무슨 상관이 있나이까 우리를 멸하러 왔나이까 나는 당신이 누구인 줄 아노니 하나님의 거룩한 자니이다(막 1:24; 눅 4:34).

이에 그들이 소리 질러 이르되 하나님의 아들이여 우리가 당신과 무슨 상관이 있

나이까 때가 이르기 전에 우리를 괴롭게 하려고 여기 오셨나이까 하더니 (마 8:29).

마가는 복음서를 시작하면서 예수님께서 누구신가를 밝힌다. 예수님

은 하나님의 아들이며, 그리스도 복음의 시작이라고 알리셨다(막 1:1).

그 후 제자들과 믿음의 사람들이 예수님께서 하나님의 아들이라는 고

백한다.

배에 있는 사람들이 예수께 절하며 이르되 진실로 하나님의 아들이로소이다

하더라 (마 14:33).

시몬 베드로가 대답하여 이르되 주는 그리스도시요 살아 계신 하나님의 아들

이시니이다 (마 16:16).

백부장과 및 함께 예수를 지키던 자들이 지진과 그 일어난 일들을 보고 심히

두려워하여 이르되 이는 진실로 하나님의 아들이었도다 하더라 (마 27:54).

나다나엘이 대답하되 랍비여 당신은 하나님의 아들이시요 당신은 이스라엘

의 임금이로소이다 (요 1:49).

마르다가 이르되 … 이르되 주여 그러하외다 주는 그리스도시요 세상에 오시

는 하나님의 아들이신 줄 내가 믿나이다 (요 11:24a, 27).

오직 이것을 기록함은 너희로 예수님께서 하나님의 아들 그리스도이심을 믿게 하려 함이요 또 너희로 믿고 그 이름을 힘입어 생명을 얻게 하려 함이니라 (요 20:31).

즉시로 각 회당에서 예수가 하나님의 아들이심을 전파하니 (행 9:20).

성결의 영으로는 죽은 자들 가운데서 부활하사 능력으로 하나님의 아들로 선포되셨으니 곧 우리 주 예수 그리스도시니라 (롬 1:4).

6. 인자(the Son of Man)

예수님은 자신을 '인자'로 소개하셨다. 신약성경에서 82회가 사용되었다. 인자는 말 그대로 '사람의 아들'(人子: son of man)이다. 하나님은 에스겔을 부르실 때 "인자야 네 발로 일어서라"(겔 2:1)라고 말씀하셨다. 그러나 예수님께서 자신을 소개할 때 인자는 단순한 사람의 아들이 아니다. 구약에 약속된 메시아로서 '인자'(the Son of Man)를 의미한다. 다니엘 7장 13절에서 14절은 말씀한다.

내가 또 밤 환상 중에 보니 인자 같은 이가 하늘 구름을 타고 와서 옛적부터 항상 계신 이에게 나아가 그 앞으로 인도되매 그에게 권세와 영광과 나라를 주고 모든 백성과 나라들과 다른 언어를 말하는 모든 자들이 그를 섬기게 하였으니 그의 권세는 소멸되지 아니하는 영원한 권세요 그의 나라는 멸망하지 아니할 것이니라(단 7:13-14).

하나님은 다니엘에게 환상을 보여주셨다. 다니엘이 환상으로 본 "인자(사람의 아들) 같은 이"는 장차 오실 메시아를 의미한다. 그는 "하늘 구름을 타고 오시"는 초월적인 분이다. 그리고 "옛적부터 항상 계신 이" 곧 영원 전부터 항상 존재하신 분이다. 하나님은 그에게 "권세와 영광과 나라"를 주시고 모든 나라와 언어를 가진 사람들이 그분을 섬길 것이다. 다니엘이 환상을 본 초월적인 "인자 같은 이"는 장차 이 땅에 오실 메시아다. 예수님을 의미한다.

그래서 신약 사복음서에서 예수 자신을 "인자"로 표현할 때 정관사 'the'를 사용하여 인자(the Son of Man)로 사용한다. 헬라어 정관사 the의 의미인 호(ὁ)를 사용한다. 인자(ὁ υἱὸς τοῦ ἀνθρώπου: 마 8:20). 예수님은 다니엘 7장 13절에서 14절의 환상처럼 하늘 구름 가운데 계신다. 예수님은 마지막 때, 재림하실 때 구름을 타고 오실 것을 말씀하셨다(마 24:27, 30, 33, 37).

천사들은 승천하는 모습을 보고 있는 제자들에게 보고 있는 그대로 다시 오실 것을 말했다(행 1:11). 스데반은 하나님의 우편에 서신 것을 보았다(행 7:55-56). 예수님은 인자로서 권세와 영광을 가지신 것이다. 인자는 천사장의 나팔 소리와 함께 하늘로부터 강림하실 것이며 믿음의 사람들은 구름 속으로 끌려 올라가 주님을 만나게 될 것이다(살전 4:16-17).

이 동네에서 너희를 박해하거든 저 동네로 피하라 내가 진실로 너희에게 이르노니 이스라엘의 모든 동네를 다 다니지 못하여서 **인자가 오리라** (마 10:23).

번개가 동편에서 나서 서편까지 번쩍임 같이 인자의 임함도 그러하리라 … 그 때에 인자의 징조가 하늘에서 보이겠고 그 때에 땅의 모든 족속들이 통곡하며 그들이 **인자가 구름을 타고 능력과 큰 영광으로 오는 것을 보리라** … 이와 같이 너희도 이 모든 일을 보거든 인자가 가까이 곧 문 앞에 이른 줄 알라 … 노아의 때와 같이 **인자의 임함도 그러하리라** (마 24:27, 30, 33, 37).

예수님께서 이르시되 네가 말하였느니라 그러나 내가 너희에게 이르노니 이후에 인자가 권능의 우편에 앉아 있는 것과 **하늘 구름을 타고 오는 것을** 너희가 보리라 하시니 (마 26:64).

이르되 갈릴리 사람들아 어찌하여 서서 하늘을 쳐다보느냐 너희 가운데서 **하늘로 올려지신 이 예수는 하늘로 가심을 본 그대로 오시리라** 하였느니라 (행 1:11).

스데반이 성령 충만하여 하늘을 우러러 주목하여 하나님의 영광과 및 예수님께서 하나님 우편에 서신 것을 보고 말하되 보라 하늘이 열리고 **인자가 하나님 우편에 서신 것을 보노라** 한 대 (행 7:55-56).

주께서 호령과 천사장의 소리와 하나님의 나팔 소리로 친히 **하늘로부터 강림하시리니** 그리스도 안에서 죽은 자들이 먼저 일어나고 그 후에 우리 살아남은 자들도 그들과 함께 구름 속으로 끌어 올려 공중에서 주를 영접하게 하시리니 그리하여 우리가 항상 주와 함께 있으리라 (살전 4:16-17).

1) 인자는 죄를 사하는 분이시다

그러나 인자가 세상에서 죄를 사하는 권능이 있는 줄을 너희로 알게 하려 하노라 하시고 중풍 병자에게 말씀하시되 일어나 네 침상을 가지고 집으로 가라 하시니 (마 9:6).

2) 인자는 안식일의 주인이시다

인자는 안식일의 주인이니라 하시니라 (마 12:8).

3) 인자는 머리 둘 곳이 없다

예수님께서 이르시되 여우도 굴이 있고 공중의 새도 거처가 있으되 인자는 머리 둘 곳이 없다 하시더라 (마 8:20).

4) 인자는 십자가에 들려야 한다

이스라엘은 광야에서 하나님과 모세에게 불평과 원망을 했다. 하나님은 그들에게 불뱀을 내려 물게 하셨다. 물리는 자들은 모두 죽었다. 백

성들은 모세에게 하나님께 기도를 드려 구원해 주라고 요청했다. 모세
는 백성을 위해 기도했고, 하나님은 "불뱀을 만들어 장대 위에 매달아
라. 물린 자마다 그것을 보면 살리라"(민 21:8)는 구원의 방법을 주셨다.
불뱀에 물린 자들이 구원받을 방법은 간단하다. 하나님의 말씀에 순종
하는 것이다. 불뱀에 물린 자들은 장대에 달린 놋뱀을 보면 살 수 있다.

예수님은 민수기 21장에 광야의 불뱀 사건처럼, 죄에서 구원하시기
위해 오셨다. 예수님은 놋뱀처럼 나무에 달리셨다. 하나님의 구원 방법
이다. 십자가에 달려 죽으시고 부활하신 예수님을 믿으면 죄와 죽음에
서 구원을 얻는 것이다. 예수님이 이 사실을 말씀하신 것이다.

> 하늘에서 내려온 자 곧 인자 외에는 하늘에 올라간 자가 없느니라 모세가 광
> 야에서 뱀을 든 것 같이 인자도 들려야 하리니 이는 그를 믿는 자마다 영생을
> 얻게 하려 하심이니라(요 3:13-15).

5) 인자는 심판하는 권세를 가지셨다

> 예수님께서 이르시되 내가 진실로 너희에게 이르노니 세상이 새롭게 되어 인
> 자가 자기 영광의 보좌에 앉을 때에 나를 따르는 너희도 열두 보좌에 앉아 이
> 스라엘 열두 지파를 심판하리라(마 19:28).

> 또 인자됨으로 말미암아 심판하는 권한을 주셨느니라(요 5:27).

6) 인자의 살과 피를 먹어야 생명을 얻는다

썩을 양식을 위하여 일하지 말고 영생하도록 있는 양식을 위하여 하라 이 양식은
인자가 너희에게 주리니 인자는 아버지 하나님께서 인치신 자니라 …예수님께서
이르시되 내가 진실로 진실로 너희에게 이르노니 인자의 살을 먹지 아니하고 인
자의 피를 마시지 아니하면 너희 속에 생명이 없느니라(요 6:27, 53).

7) 인자는 십자가에 죽고, 죽은 자 가운데서 사흘 만에 살아나신다

그들이 산에서 내려올 때에 예수님께서 명하여 이르시되 인자가 죽은 자 가운데
서 살아나기 전에는 본 것을 아무에게도 이르지 말라 하시니(마 17:9; 막 9:9).
너희가 아는 바와 같이 이틀이 지나면 유월절이라 인자가 십자가에 못 박히기 위
하여 팔리리라 하시더라 … 이르시기를 인자가 죄인의 손에 넘겨져 십자가에 못
박히고 제삼 일에 다시 살아나야 하리라 하셨느니라 한 대(마 26:2; 눅 24:7).

이에 제자들에게 오사 이르시되 이제는 자고 쉬라 보라 때가 가까이 왔으니
인자가 죄인의 손에 팔리느니라(마 26:45).

7. 이스라엘의 목자

목자는 양을 돌본다. 하나님은 이스라엘의 목자이시다. 그리고 이스라엘은 하나님의 양들이다. 다윗은 어린 시절 목자로 살았기 때문에 시편 23편을 찬양할 수 있었다. 양들은 목자가 없으면 죽는다. 늑대들은 양들을 잡아먹기 위해 양들을 노리고 있다.

유대 광야에서 양들을 돌보기는 쉽지 않다. 유대 광야는 연중 강수량이 이백 밀리미터(mm) 미만밖에 내리지 않는다. 우기에는 푸른 풀들이 있지만, 건기에는 바짝 말라 거친 풀이 된다. 그래서 목자들은 양들이 뜯어 먹을 수 있는 목초지로 항상 이동시킨다.

그리고 물이 있는 장소, 우물이나 물 저장고에 양들을 인도해야 한다. 그래서 양들에게 목자는 생명과 같은 존재이다. 목자는 양들의 모든 것을 책임이다. 예수님은 하나님의 백성 이스라엘의 목자이시다. 하나님은 에스겔서에서 "내가 한 목자를 그들 위에 세워 먹이게 하리니 그는 내 종 다윗이라 그가 그들을 먹이고 그들의 목자가 될지라"(겔 34:23)라고 말씀하신다. 하나님은 예수님을 하나님의 백성인 양들을 돌볼 목자로 이 땅에 보내실 것을 약속하셨다. 그리고 예수님은 목자로 이 땅에 오셨다.

동방의 박사들이 헤롯 대왕에게 찾아와 "유대인의 왕으로 오신 이가 어디 계시냐"라고 물었을 때, 헤롯 대왕은 대제사장들과 백성의 서기관들에게 "그리스도가 어디서 나겠느냐"라고 묻는다.

이두메인으로 유대를 다스리는 왕이었던 헤롯이 동방의 박사들이 말한 "유대인의 왕"이 바로 "그리스도"(메시아)라는 사실을 알았다. 그래서 대제사장들과 서기관들은 미가 5장 2절의 예언대로, 그리스도는 유다 지파, 다윗의 후손으로 오시기 때문에 베들레헴에서 태어날 것이라고 대답한 것이다.

> 왕이 모든 대제사장과 백성의 서기관들을 모아 그리스도가 어디서 나겠느냐 물으니 이르되 유대 베들레헴이오니 이는 선지자로 이렇게 기록된바 또 유대 땅 베들레헴아 너는 유대 고을 중에서 가장 작지 아니하도다. 네게서 한 다스리는 자가 나와서 내 백성 이스라엘의 목자가 되리라 하였음이니이다(마 2:5-6).

예수님은 목자 없는 양 같은 백성들을 불쌍히 여기셨다. 지금까지 이스라엘에는 참된 목자가 없었다. 그래서 하나님의 백성들인 양들은 기진했다. 그들은 온전한 하나님의 말씀을 듣지 못했다. 영적인 양식을 먹지 못했다. 이스라엘은 진정한 목자가 없었다. 이스라엘 왕들, 지도자들은 바벨론, 헬라, 로마제국의 침략과 위협과 폭정 속에서 이스라엘을 지키지 못했다. 예수님은 목자로 이 땅에 오셨고, 하나님의 백성들이 목자 없는 양 같음으로 인해 불쌍히 여기셨다. 그래서 생명의 양식은 하나님의 말씀을 가르치셨다.

> 예수님께서 나오사 큰 무리를 보시고 그 목자 없는 양 같음으로 인하여 불쌍히 여기사 이에 여러 가지로 가르치시더라 … 무리를 보시고 불쌍히 여기시

니 이는 그들이 목자 없는 양과 같이 고생하며 기진함이라 (마 6:34; 9:36).

8. 모퉁이의 머릿돌

예수님은 건축자들이 버린 돌이셨다. 건축자는 건축에 필요한 돌을 가장 잘 아는 사람들이다. 그런데 건축자가 돌을 버렸다. 불필요한 돌이다. 그런데 하나님은 버려진 돌을 집 모퉁의 머릿돌이 되게 하셨다. 시편 118편의 예언의 말씀이 예수님께 성취되었다. 시인은 주께서 나의 구원이 되셨기 때문에 감사하면서 찬양한다.

건축자가 버린 돌이 집 모퉁이의 머릿돌이 되었나니 이는 여호와께서 행하신 것이요 우리 눈에 기이한 바로다 (시 118:22-23).

하나님은 버려진 돌을 사용하신다. 집 모퉁이의 머릿돌이 되게 하셨다. 집은 사면에 기둥이 있다. 그 기둥을 받치는 돌이 모퉁이의 머릿돌이다. 예수님은 건축자가 버린 돌처럼, 로마 사형제도인 십자가에서 죽으셨다. 로마제국의 관점에서, 유대인의 처지에서는 구원을 이룰 수 없는 방법이다. 십자가 형벌은 극악한 죄인들을 사형이며 수치와 부끄러움을 주는 형벌이다. 그런데 하나님은 이 십자가 죽음으로 구원을 이루셨다. 아무도 생각하지 못한 방법으로 하나님은 구원을 이루셨다.

예수님께서 이르시되 너희가 성경에 건축자들이 버린 돌이 모퉁이의 머릿돌
이 되었나니 이것은 주로 말미암아 된 것이요 우리 눈에 기이하도다. 함을 읽
어 본 일이 없느냐 ⋯ 너희가 성경에 건축자들이 버린 돌이 모퉁이의 머릿돌
이 되었나니 이것은 주로 말미암아 된 것이요 우리 눈에 놀랍도다. 함을 읽어
보지도 못하였느냐 하시니라 ⋯ 이 예수는 너희 건축자들의 버린 돌로서 집
모퉁이의 머릿돌이 되었느니라(마 21:42; 막 12:10-11; 행 4:11).

9. 보배롭고 산 돌

바울은 "우리는 하나님의 동역자들이요 너희는 하나님의 밭이요 하
나님의 집이니라"(고전 3:9)라고 했다. 예수님을 믿는 그리스도인은 하
나님의 성전이다. 왜냐하면, 성전은 하나님의 집이기 때문이다. 하나님
께서 거하시는 집이다. 예수님은 십자가에서 죽으시므로 완전한 성전을
이루셨다. 그리고 바울은 "너희가 하나님의 성전인 것과 하나님의 성령
이 너희 안에 계시는 것을 알지 못하느냐"(고전 3:16)라고 말한다. 교회
를 세우는 터는 예수 그리스도이다(고전 3:11).

예수님은 교회의 머리이시다(엡 1:23; 5:23). 교회는 예수님께서 "그리
스도 예수님께서 친히 모퉁잇돌"(엡 2:20)이 되셔서 성도들이 서로 연결
되어 교회 곧 성전이 되어 간다(엡 2:21). 바울은 "너희도 성령 안에서 하
나님이 거하실 처소가 되기 위하여 그리스도 예수 안에서 함께 지어져
가느니라"(엡 2:22)라고 말씀한다.

사람에게는 버린 바가 되었으나 하나님께는 택하심을 입은 **보배로운 산 돌**
이신 예수께 나아가 너희도 산 돌 같이 신령한 집으로 세워지고 예수 그리스
도로 말미암아 하나님이 기쁘게 받으실 신령한 제사를 드릴 거룩한 제사장
이 될지니라 성경에 기록되었으되 보라 내가 택한 **보배로운 모퉁잇돌**을 시온
에 두노니 그를 믿는 자는 부끄러움을 당하지 아니하리라 하였으니 그러므로
믿는 너희에게는 보배이나 믿지 아니하는 자에게는 건축자들이 버린 그 돌이
모퉁이의 머릿돌이 되고 또한, 부딪치는 돌과 걸려 넘어지게 하는 바위가 되
었다 하였느니라 그들이 말씀을 순종하지 아니하므로 넘어지나니 이는 그들
을 이렇게 정하신 것이라(벧전 2:4-8).

제2장

"나는 ~이다"(εγω ειμι)

예수님은 자신이 누구인지 "나는 ~~이다"라는 헬라어 형태로 소개하셨다. 헬라어로 "에고 에이미"(εγω ειμι)이다.

1. 나는 생명의 떡이다

떡(빵)은 예수님의 살을 의미한다. 이스라엘은 사십 년 광야 기간 하나님께서 매일 아침 내려 주신 만나를 먹었다.

> 이스라엘 자손이 사십 년 동안 만나를 먹었으니 곧 가나안 땅 접경에 이르기까지 그들이 만나를 먹었더라(출 16:35).

만나는 생명의 양식이다. 광야는 농사를 지을 수 없다. 출애굽 할 때 장정만 약 육십만 명이었다. 남녀노소(男女老少)를 다 합치면 적게는 약 이백만 명에서, 많게는 약 사백만 명이 될 것이다.

이 많은 인원이 농사를 지을 수 없는 광야에서 어떻게 살 수 있을까? 가나안 땅에서 곡식을 구할 수 없다. 더욱이 출애굽한 애굽에서 곡식을 구할 가능성은 전혀 없다. 이스라엘 백성들이 살 수 있는 유일한 방법은 하나님의 은혜밖에 없다. 하나님은 광야 기간 만나를 매일 내려 주셨다. 만나는 가나안 땅에 들어가 여리고 옆 길갈에 진치고 유월절을 지냈을 때 그쳤다.

> 또 이스라엘 자손들이 길갈에 진 쳤고 그 달 십사일 저녁에는 여리고 평지에서 유월절을 지켰으며 유월절 이튿날에 그 땅의 소산물을 먹되 그 날에 무교병과 볶은 곡식을 먹었더라그 땅의 소산물을 먹은 다음 날에 만나가 그쳤으니 이스라엘 사람들이 다시는 만나를 얻지 못하였고 그 해에 가나안 땅의 소출을 먹었더라 (수 5:10-12).

예수님은 말씀하셨다.

> 모세가 너희에게 하늘로부터 떡을 준 것이 아니라 내 아버지께서 너희에게 하늘로부터 참 떡을 주시나니 하나님의 떡은 하늘에서 내려 세상에 생명을 주는 것이니라 (요 6:32-33).

제자들은 예수님의 말씀을 듣고 "주여, 이 떡을 항상 우리에게 주소서"(요 6:34)라고 요청했다. 예수님은 이제 만나가 아닌 진정한 생명의 떡, 영원한 생명의 떡인 자신을 소개하셨다.

예수님께서 이르시되 나는 생명의 떡이니 내게 오는 자는 결코 주리지 아니
할 터이요 나를 믿는 자는 영원히 목마르지 아니하리라 … 나는 하늘에서 내
려온 살아 있는 떡이니 사람이 이 떡을 먹으면 영생하리라 내가 줄 떡은 곧
세상의 생명을 위한 내 살이니라 하시니라(요 6:35, 51).

예수님께서 생명의 떡인 이유는 십자가에서 죄인들을 위해 자신의 살
을 내어주셨기 때문이다. 예수님은 제자들과 함께한 최후의 만찬에서
새 언약을 베푸신다. 예수님은 "떡을 가지사 축복하시고 떼어 제자들
에게 주시며 이르시되 받아서 먹으라 이것은 내 몸이니라"(마 26:26; 막
14:22; 고전 11:23-24)라고 말씀하셨다.

2. 나는 세상의 빛이다

빛은 어둠과 대비된다. 어둠은 죄를 상징한다. 예수님 안에 생명이 있
다. 이 생명은 사람들의 빛이다(요 1:4). 그래서 죄악으로 가득한 세상, 어
둠의 세상에 예수님은 빛으로 오셨다. 그러나 죄인들은 깨닫지 못했다(요
1:5). 예수님은 생명의 빛으로 어둠을 물러가게 하신다. 예수님이 오신 목
적은 죄를 용서하기 위해서이다. 어둠에서 빛을 주셔서 어둠이 사라지고
생명의 빛으로 가득한 하나님의 백성들을 만들기 위해 오셨다.

예수님께서 또 말씀하여 이르시되 **나는 세상의 빛**이니 나를 따르는 자는 어둠에 다니지 아니하고 **생명의 빛**을 얻으리라 (요 8:12).

예수님은 "너희는 세상의 빛이라 산 위에 있는 동네가 숨겨지지 못할 것"(마 5:14)이라 하셨다. 세상의 빛이신 예수님께서 그리스도인들에게 세상의 빛으로 살아가는 사명을 주셨다. 어둠을 물러가게 하는 생명의 빛, 복음의 빛이 되는 것이다.

3. 나는 양의 문이다

목자는 양들을 들판 목초지로 인도한다. 양들은 들판 목초지에서 마음껏 풀을 뜯고 지내며 밤에는 그곳에서 잠을 잔다. 그러나 양우리가 가깝다면, 목자들은 양들을 들짐승들로부터 보호하고, 안전한 쉼을 주기 위해 양우리로 인도한다. 양우리로 들어가기 위해서는 담을 넘어갈 수 없다. 문으로 들어가야 한다. 유대인들에게 목축은 너무 흔한 광경이었다.

유대 광야에서, 유대 지역 어디서나 양들이 있었다. 그래서 예수님께서 비유로 말씀하시는 양의 문은 쉽게 이해할 수 있었다. 예수님은 양들 곧 유대인들과 더 나아가 온 인류에게 사탄으로부터 안전하게 보호하시는 양우리이며, 보호 속으로, 편안한 쉼으로 들어가는 문이시다. 목자에게 속한 양들만이 양우리 문으로 평안하게 들어갈 수 있다. 양의 문으로 들어가지 않는 자는 양들을 훔치려는 절도이고 강도들이다.

그러므로 예수님께서 다시 이르시되 내가 진실로 진실로 너희에게 말하노니 나는 양의 문이라 나보다 먼저 온 자는 다 절도요 강도니 양들이 듣지 아니하였느니라 (요 10:7-8).

4. 나는 선한 목자이다

이스라엘은 양과 염소를 흔하게 볼 수 있었다. 목축은 유대인들의 삶이었다. 그래서 목자와 양의 관계는 너무 쉽게 이해되었다. 다윗은 목자와 양의 관계를 너무 잘 이해했다. 아버지 이새의 양들을 돌보는 목자였기 때문이다. 그래서 시편 23편은 여호와께서 다윗의 목자이고 다윗은 하나님의 양으로 신앙을 고백했다.

여호와는 나의 목자시니 내게 부족함이 없으리로다 그가 나를 푸른 풀밭에 누이시며 쉴 만한 물가로 인도하시는도다 (시 23:1-2).

예수님은 목축을 잘 알고 있던 유대인들에게 "나는 선한 목자"라고 소개하셨다. 목자는 양들의 생명이다. 풀과 물을 주고, 늑대와 사자와 같은 양들을 잡아먹으려는 들짐승들로부터 양들을 보호한다. 선한 목자는 늑대가 양들을 잡아먹으려 할 때 늑대와 싸운다. 양들을 위해 목숨을 버리는 목자시다. 실제로 양들에게 영원한 생명을 주시기 위해 십자가에서 목숨을 버리셨다.

> 나는 선한 목자라 선한 목자는 양들을 위하여 목숨을 버리거니와 … 나는 선한 목
> 자라 나는 내 양을 알고 양도 나를 아는 것이 아버지께서 나를 아시고 내가 아버
> 지를 아는 것 같으니 나는 양을 위하여 목숨을 버리노라(요 10:11, 14-15).

그러나 삯꾼 목자는 양도 자기 양이 아니라 늑대가 오는 것을 보면 도망간다. 자기 생명이 양의 생명보다 중요하기 때문이다. 그래서 늑대는 목자가 없는 양들을 잡아먹는다(요 10:12). 예수님은 우리의 목자이시다. 우리는 예수님의 양이다. 선한 목자인 예수님의 보호로 우리는 안전과 행복을 얻을 수 있다.

5. 나는 하나님의 아들이다

예수님은 하나님의 아들이시다. 삼위일체로는 성자(聖子)이시다.

> 하물며 아버지께서 거룩하게 하사 세상에 보내신 자가 나는 하나님의 아들이
> 라 하는 것으로 너희가 어찌 신성모독이라 하느냐(요 10:36).

6. 나는 부활이요 생명이다

예수님은 부활 자체이시다. 예수님은 공생애 기간에 죽은 자를 살리셨다. 회당장의 딸인 열두 살 된 죽은 소녀의 손을 잡으며 "달리다굼 곧 내가 네게 말하노니 소녀야 일어나라"라고 말씀하셨고, 소녀는 살아났다(마 9:23-25; 막 5:38-43). 과부의 죽은 외아들에게 "청년아 내가 네게 말하노니 일어나라"라고 말씀하셨고, 청년은 살아났다(눅 7:11-17).

예수님께서 십자가에 죽으실 때 무덤에 있던 많은 성도가 무덤에서 나와 거룩한 성 예루살렘으로 들어갔다(마 27:52-53). 그리고 죽은 나사로를 살리셨다(요 11:43-44). 예수님은 죽은 나사로가 무덤에서 일어나 살리시기 전에 마르다에게 말씀하시면서 예수님은 부활이고 생명이라고 말씀하셨다.

> 예수님께서 이르시되 나는 **부활이요 생명이니** 나를 믿는 자는 죽어도 살겠고 무릇
>
> 살아서 나를 믿는 자는 영원히 죽지 아니하리니 이것을 네가 믿느냐(요 11:25-26).

예수님은 십자가의 죽음에서 부활하셨고 죽은 자들을 살려주셨다. 그래서 예수님은 진정한 생명 자체이며 영원한 생명을 주신다.

7. 나는 참포도나무이다

예수님은 포도 농사를 비유해 자신이 누구인가를 말씀하셨다. 하나님 아버지는 포도원을 가꾸는 농부시다. 예수님은 포도나무시다. 우리는 포도나무인 예수님께 붙어 자라고 꽃을 피우고 열매를 맺는 가지들이다. 포도나무 가지는 참 포도나무 원줄기에 붙어 있어야 산다. 원줄기에서 오는 수분과 영양분을 통해 자라고 열매를 맺는다. 예수님은 우리에게 생명을 주신다. 예수님은 은혜를 주시고, 말씀을 주시고, 보호해 주신다.

> 나는 참포도나무요 내 아버지는 농부라 무릇 내게 붙어 있어 열매를 맺지 아니하는 가지는 아버지께서 그것을 제거해 버리시고 무릇 열매를 맺는 가지는 더 열매를 맺게 하려 하여 그것을 깨끗하게 하시느니라 (요 15:1-2).

포도나무 가지는 포도 열매를 맺는 데 목적이 있다. 농부는 포도 가지에 포도가 열리지 않으면 잘라버린다. 그래야 다른 가지들이 더 충실하게 자라 열매를 맺게 된다. 예수님께 붙어 자라는 가지는 아름다운 믿음의 열매들로 가득해야 한다. 주님의 제자로, 그리스도인으로, 하나님의 백성으로 하나님의 말씀대로 살아갈 때, 놀라운 믿음의 열매들이 주렁주렁 열린다.

제3장

예수님의 3대 사역

누가는 예수님께서 구원 사역 곧 공생애(Public Life)의 시작에 대해 "예수님께서 가르치심을 시작하실 때에 삼십 세쯤 되시니라"(눅 3:23)라고 기록한다. 예수님은 이 땅에 오신 목적인 구원을 위해 공적인 삶을 사셨다. 예수님은 공생애에서 세 가지 중요한 사역을 하셨다.

첫째, 하나님의 말씀을 전하시고 가르치셨다.
둘째, 귀신을 쫓아내셨다.
셋째, 병든 자를 치료하셨다.

예수님의 3대 사역을 요약한 대표적 말씀이 마태복음 4장 23절에서 24절의 말씀이다.

예수님께서 온 갈릴리에 두루 다니사 그들의 회당에서 가르치시며 천국 복음을 전파하시며 백성 중의 모든 병과 모든 약한 것을 고치시니 그의 소문이 온 수리아에 퍼진지라 사람들이 모든 앓는 자 곧 각종 병에 걸려서 고통 당하는 자, 귀신 들린 자, 간질하는 자, 중풍 병자들을 데려오니 그들을 고치시더라(마 4:23-24).

1. 예수님은 천국 복음, 하나님의 나라를 전파하셨다

1) 예수님은 천국 복음(The Good News of The Kingdom)을 전파하셨다

마태복음은 유대인들에게 전한 복음서이기 때문에 "하나님"의 이름을 잘 쓰지 않는다. 마태는 "하나님의 나라"(the Kingdom of God) 대신 "천국"(the Kingdom of Heaven)을 주로 사용한다.

회개하라 천국이 가까이 왔느니라 하였으니 … 이 때부터 예수님께서 비로소 전파하여 이르시되 회개하라 천국이 가까이 왔느니라 하시더라(마 3:2; 4:17).

예수님께서 온 갈릴리에 두루 다니사 그들의 회당에서 가르치시며 천국 복음을 전파하시며 백성 중의 모든 병과 모든 약한 것을 고치시니(마 4:23).

예수님께서 모든 도시와 마을에 두루 다니사 그들의 회당에서 가르치시며 천국 복음을 전파하시며 모든 병과 모든 약한 것을 고치시니라(마 9:35).

이 천국 복음이 모든 민족에게 증언되기 위하여 온 세상에 전파되리니 그제야 끝이 오리라(마 24:14).

2) 예수님은 하나님의 나라(The Kingdom of God)를 선포하셨다

그러나 내가 하나님의 성령을 힘입어 귀신을 쫓아내는 것이면 하나님의 나라가 이미 너희에게 임하였느니라(마 12:28).

이르시되 때가 찼고 하나님의 나라가 가까이 왔으니 회개하고 복음을 믿으라 하시더라 … 이르시되 하나님 나라의 비밀을 너희에게는 주었으나 외인에게는 모든 것을 비유로 하나니(막 1:15; 4:11).

예수님께서 이르시되 내가 다른 동네들에서도 하나님의 나라 복음을 전하여야 하리니 나는 이 일을 위해 보내심을 받았노라 하시고 … 그 후에 예수님께서 각 성과 마을에 두루 다니시며 하나님의 나라를 선포하시며 그 복음을 전하실새 열두 제자가 함께 하였고(눅 4:43; 8:1).

예수님께서 대답하여 이르시되 진실로 진실로 네게 이르노니 사람이 거듭나지 아니하면 하나님의 나라를 볼 수 없느니라(요 3:3).

3) 예수님은 하나님의 말씀을 가르치셨다

예수님께서 온 갈릴리에 두루 다니사 그들의 회당에서 가르치시며(마 4:23).

예수님께서 다시 바닷가에서 가르치시니 큰 무리가 모여들거늘 예수님께서 바다에 떠 있는 배에 올라 앉으시고 온 무리는 바닷가 육지에 있더라 이에 예수님께서 여러 가지를 **비유로 가르치시니** 그 가르치시는 중에 그들에게 이르시되(막 4:1-2).

예수님께서 날마다 **성전에서 가르치시니** 대제사장들과 서기관들과 백성의 지도자들이 그를 죽이려고 꾀하되 … 예수님께서 **성전에서 가르치시며** 외쳐 이르시되 너희가 나를 알고 내가 어디서 온 것도 알거니와 내가 스스로 온 것이 아니니라 나를 보내신 이는 참되시니 너희는 그를 알지 못하나(눅 19:47; 요 7:28).

2. 예수님은 귀신을 쫓아내셨다: 축귀(逐鬼)

사탄은 마태복음에서 "시험(유혹)하는 자"(ὁ πειραζων), "마귀"(ὁ διαβολος), "사탄"(Σαταν)으로 부른다(마 4:1, 3, 5, 8, 10). "마귀"(διαβολος, the devil)는 "악한 자"라는 의미로 사용된다(마 4:1; 눅 4:2; 요 8:44; 엡 6:11; 계 12:12). 사탄은 악한 자들의 "왕"이고 "무저갱의 사자"이다. 히브리어로 '아바돈'(אבדון)이며 헬라어로 '아볼루온'(Ἀπολλύων)이다(계 9:11).

모두 "파괴자"라는 의미가 있다. 사탄은 바알세불(βεελζεβούλ)로 불렸다(마 12:24). 마귀는 성도들을 참소하는 자 곧 "하나님 앞에서 밤낮 참소하던 자"(계 12:10; 참조 욥 1:9, 11)이다. 마귀는 그리스도인의 '대적'(αντιδικος)이다. 베드로는 "근신하라 깨어라 너희 대적 마귀가 우는 사자 같이 두루 다니며 삼킬 자를 찾나니"(벧전 5:8)라고 선포한다.

사탄/마귀는 '쓸모없는 자', '부패한 자'라는 의미인 '벨리알'(βελίαρ, 고후 6:15)로 불린다. 사탄은 '거짓말쟁이요 거짓의 아비'(요 8:44), '이 세상 신'(고후 4:4), '처음부터 살인한 자'(요 8:44), '그 옛 뱀'(계 12:9), '이 세상의 임금'(요 12:31; 14:30), '공중의 권세 잡은 자'(엡 2:2)이다.

사탄/마귀의 기원은 에스겔 28장 12절에서 18절과 이사야 14장 12절에서 15절에 나타난다. 에스겔서에서는 하나님은 두로 왕에게 부르는 애가(哀歌) 형식으로 말씀하신다. 그러나 단순한 역사적인 두로 왕이 아니라는 사실은 내용을 보게 될 때 유추된다. 천사가 왜, 타락하여 사탄이 되었는가를 보여준다.

> 인자야 두로 왕을 위하여 슬픈 노래를 지어 그에게 이르기를 주 여호와의 말씀에 너는 완전한 도장이었고 지혜가 충족하며 온전히 아름다웠도다 네가 옛적에 하나님의 동산 에덴에 있어서 각종 보석 곧 홍보석과 황보석과 금강석과 황옥과 홍마노와 창옥과 청보석과 남보석과 홍옥과 황금으로 단장하였음이여 네가 지음을 받던 날에 너를 위하여 소고와 비파가 준비되었도다 너는 기름 부음을 받고 지키는 그룹임이여 내가 너를 세우매 네가 하나님의 성산에 있어서 불타는 돌들 사이에 왕래하였도다 네가 지음을 받던 날로부터 네 모든 길에 완전하더니 마침내 네게서 불의가 드러났도다 네 무역이 많으므로 네 가운데에 강포가 가득하여 네가 범죄하였도다 너 지키는 그룹아 그러므로 내가 너를 더럽게 여겨 하나님의 산에서 쫓아냈고 불타는 돌들 사이에서 멸하였도다 네가 아름다우므로 마음이 교만하였으며 네가 영화로우므로 네 지혜를 더럽혔음이여 내가 너를 땅에 던져 왕들 앞에 두어 그들의 구경 거리가 되게 하였도다 네가 죄악이 많고 무역이 불의하므로 네 모든 성소를 더럽혔음이여 내가 네 가운데에서 불을 내어 너를 사르게 하고 너를 보고 있는 모든

자 앞에서 너를 땅 위에 재가 되게 하였도다(겔 28:12-18).

여호와께서는 두로 왕에 대해 완전한 도장(인장: model 또는 seal), 지혜가 충족, 온전히 아름다움, 하나님의 동산 에덴에 각종 보석으로 단정, 지음을 받을 때 소고와 비파가 준비, 기름 부음 받은 지키는 그룹 천사, 하나님의 성산에서 불타는 돌들 사이 왕래했다. 그러므로 두루 왕은 에덴동산이 없었으며, 그룹(cherub) 천사도, 하나님의 성산에 왕래하던 자도 아니다. 그러므로 하나님께서 지으신 천사였으며 그 천사는 하나님을 호위하는 그룹, 소고와 비파로 상징하는 하나님을 찬양하는 천사로 볼 수 있다.

그러나 두로 왕이 무역으로 부유해 교만한 것처럼, 천사는 죄를 범하여 자신을 더럽혀서 하나님의 산에서 쫓겨났다. 그는 교만하여 자신의 영화로움과 지혜를 더럽혔고, 땅에 던져져 왕들의 구경거리가 되었다.

이사야 14장 12절에서 15절은 계속해서 천사가 어떻게 타락했는가를 보여준다.

너 아침의 아들 계명성이여 어찌 그리 하늘에서 떨어졌으며 너 열국을 엎은 자여 어찌 그리 땅에 찍혔는고 네가 네 마음에 이르기를 내가 하늘에 올라 하나님의 뭇 별 위에 내 자리를 높이리라 내가 북극 집회의 산 위에 앉으리라 가장 높은 구름에 올라가 지극히 높은 이와 같아지리라 하는도다 그러나 이제 네가 스올 곧 구덩이 맨 밑에 떨어짐을 당하리로다(사 14:12-15)

천사의 이름은 히브리어로 "헤일렐"(הֵילֵל)로 한자어로 "계명성"(啓明星. morning star)이다. 우리말로 샛별, 금성이다. 최초의 영어 번역본 킹제임스역(KJV)은 "루시퍼"(Lucifer)로 번역했다. 그래서 서구 사회에서 오래전부터 사탄을 루시퍼로 불러왔다.

천사가 타락하게 된 계기는 교만 때문이다. 계명성으로 불린 천사는 "내가 하늘에 올라 하나님의 뭇 별 위에 내 자리를 높이리라 내가 북극 집회의 산 위에 앉으리라 가장 높은 구름에 올라가 지극히 높은 이와 같아지리라"는 교만한 마음을 가졌다. 하나님과 같아지고자 한 것이다. 그래서 스올에 빠지게 되었다.

사탄은 땅에 떨어졌다. 타락한 천사장 사탄과 함께 동조한 천사들이 '귀신'들로 불린다. 뱀이 사탄(마귀)라고 볼 수 있는 이유는 요한계시록에 소개된다.

> 큰 용이 내쫓기니 옛 뱀 곧 마귀라고도 하고 사탄이라고도 하며 온 천하를 꾀는 자라 그가 땅으로 내쫓기니 그의 사자들도 그와 함께 내쫓기니라
> (계 12:9)

사탄은 에덴동산에 찾아왔다. 그리고 뱀으로 가장하여 하와를 유혹해 하와와 아담이 "선악과"를 먹었다(창 3:1-6). 하나님의 말씀에 불순종했다. 하나님은 아담과 언약을 맺으며 "선악을 알게 하는 나무의 열매"를 먹지 말라고 하셨다. 먹으면 반드시 죽는 것이다.

여호와 하나님이 그 사람에게 명하여 이르시되 동산 각종 나무의 열매는 네가 임의로 먹되 선악을 알게 하는 나무의 열매는 먹지 말라 네가 먹는 날에는 반드시 죽으리라 하시니라(창 2:16-17).

그러나 아담과 하와는 뱀으로 찾아온 사탄의 유혹에 넘어가 선악과를 먹게 되었다. 불순종의 결과는 하나님과 단절과 죽음, 고통이었다(창 3:16-19). 아담과 하와는 불순종의 죄를 지었고 죄는 모든 인류를 죽음에 이르게 했다. 그리고 인간은 모두 죄인이 되었다. 죄는 오직 죄인이 죽어야 한다. 죄의 값은 사망이기 때문이다(롬 6:23).

사탄은 죄를 지배한다. 사탄은 이 세상의 풍속과 공중의 권세를 장악했다. 그래서 죄인들 곧 불순종의 아들들을 지배하는 영이다(엡 2:2). 그래서 사탄의 지배 아래 있는 사람들은 진노의 자녀들이다(엡 2:3). 사탄과 악의 영, 귀신들은 죄인들을 지배한다. 죄의 고통 중에 살게 한다. 예수님께서 십자가의 죽으심과 부활은 사탄의 권세에서 우리를 구원하신 것이다. 구원은 "어둠에서 빛으로, 사탄의 권세에서 하나님께로 돌아오게 하고 죄 사함과 나를 믿어 거룩하게 된 무리 가운데서 기업을 얻게"(행 26:18) 한 것이다.

예수님은 사탄의 권세에 사로잡혀 죄로 고통받는 죄인들을 해방하기 위해 오셨다. 죄에서 구원하기 위해 오셨다. 그래서 공생애 기간 동안 귀신에게 사로잡혀 고통당하는 자들에게서 귀신을 쫓아내셨다. 귀신은 사람들의 인격을 파괴하고, 병으로 고통을 준다. 예수님의 축귀는 귀신에게서 구출하는 것이고, 귀신들이 안겨준 고통에서 해방하는 구원이다.

귀신은 사람에 고통을 안겨 준다. 귀신이 들려서(마 4:24) 간질(마 17:15, 18), 언어장애(마 9:32-33; 눅 11:14), 시각과 언어장애(마 12:22; 막 9:25)를 겪는다. 거라사인은 인격이 파괴되고 정신질환을 겪었다(마 8:28-34; 막 5:1-15).

귀신은 '더러운 귀신'(마 12:43), '악한 귀신'(마 12:45), '흉악한 귀신'(마 15:22), '더러운 귀신'(막 1:23-27; 3:11; 5:8, 15; 6:7; 7:25; 9:25; 눅 4:33, 36), '더러운 영'(막 5:2). '더러운 마귀'(마 10:1; 12:43; 막 7:25; 행 5:16), '악귀'(눅 8:2) 등으로 불린다.

1) 예수님이 귀신을 쫓아내고 병을 치료하신 것은 이사야 선지자의 메시아 곧 그리스도가 하실 일에 대한 예언의 성취였다

이사야 선지자는 53장에서 고난받는 종에 대해 예언한다. 고난받는 종은 이 땅에 메시아로 오실 예수님이다. 이사야 53장 4절은 말씀한다.

> 그는 실로 우리의 질고를 지고 우리의 슬픔을 당하였거늘 우리는 생각하기를 그는 징벌을 받아 하나님께 맞으며 고난을 당한다 하였노라(사 53:4).

예수님께서 우리의 질고(疾苦)를 지시고 슬픔을 대신 당하실 것이다. 예수님께서 십자가의 징벌을 당하시는 죄인을 구원하고자 하시는 하나님의 심판이었다. 예수님은 고난받는 종으로 이 땅에 오셔서 귀신을 쫓아내시고 병든 자들을 고치셨다. 귀신을 쫓아내시고 병을 고치신 것은 이사야 선지자의 예언을 성취하고자 하신 것이다.

> 저물매 사람들이 귀신 들린 자를 많이 데리고 예수께 오거늘 예수님께서 말
> 씀으로 귀신들을 쫓아 내시고 병든 자들을 다 고치시니 이는 선지자 이사야
> 를 통하여 하신 말씀에 우리의 연약한 것을 친히 담당하시고 병을 짊어지셨
> 도다 함을 이루려 하심이더라(마 8:16-17).

2) 예수님은 가다라 지방의 귀신 들린 자 두 명에게서 귀신을 쫓아 내셨다[1]

한 사람에게 수많은 귀신이 들어가 고통을 준다는 사실을 알려 주시
는 말씀이다. 막달라 마리아도 일곱 귀신이 들렸던 여인이었다(눅 8:2). 예
수님은 더러운 귀신을 사람에게 나갔을 때 쉴 곳을 찾지 못해 그 사람에
게 귀신 일곱을 데리고 와서 다시 들어가는 말씀을 주셨다(마 12:43-45; 눅
11:24-26). 마태는 가다라, 마가는 거라사 지방에 살고 있던 귀신 들린 사
람은 이천 마리의 귀신이 들어가 그의 인격을 파괴하고 고통 가운데 살게
했다. 예수님께서 귀신을 그에게서 쫓아내 온전하게 되었다.

---

1 귀신들은 돼지에게 들어갔다. 돼지들은 바다에 들어가 몰사(沒死)했다. 마가복음에
  는 예수님께서 거라사인의 더러운 귀신 들린 사람에게서 귀신을 쫓으셨다. 귀신은
  자신을 군대로 소개했다. 귀신은 돼지에게로 들어가기를 간구했고, 귀신이 들어간
  돼지는 이천 마리였으며 갈릴리 바다로 뛰어들어 죽었다.

또 예수님께서 건너편 가다라 지방에 가시매 **귀신 들린 자 둘**이 무덤 사이에서 나와 예수를 만나니 그들은 몹시 사나워 아무도 그 길로 지나갈 수 없을 지경이더라 … **그들에게 가라 하시니 귀신들이** (귀신 들린 자에게) **나와서 돼지에게로 들어가는지라** 온 때가 비탈로 내리달아 바다에 들어가서 물에서 몰사하거늘 (마 8:28, 32).

예수님께서 바다 건너편 **거라사 인의 지방**에 이르러 배에서 나오시매 곧 더러운 **귀신 들린 사람**이 무덤 사이에서 나와 예수를 만나니라 그 사람은 무덤 사이에 거처하는데 이제는 아무도 그를 쇠사슬로도 맬 수 없게 되었으니 이는 여러 번 고랑과 쇠사슬에 매였어도 쇠사슬을 끊고 고랑을 깨뜨렸음이어라. 그리하여 아무도 그를 제어할 힘이 없는지라 … 이에 물으시되 네 이름이 무엇이냐 이르되 내 이름은 군대니 우리가 많음이나이다 하고 … 허락하신데 더러운 **귀신들이** (귀신 들린 사람에게) **나와서 돼지에게로 들어가매** 거의 이천 마리 되는 떼가 바다를 향하여 비탈로 내리달아 바다에서 몰사하거늘 … 예수께 이르러 그 귀신 들렸던 자 곧 군대 귀신 지폈던 자가 옷을 입고 정신이 온전하여 앉은 것을 보고 두려워하더라 (막 5:1-4, 9, 13, 15).

3) 예수님은 귀신 들려 말 못 하는 자에게서 귀신을 쫓아내셨다

그러자 귀신 들렸던 자는 귀신이 쫓겨나고 말하게 되었다.

> 그들이 나갈 때 귀신 들려 말 못 하는 사람을 예수께 데려오니 귀신이 쫓겨나
> 고 말 못 하는 사람이 말하거늘 무리가 놀랍게 여겨 이르되 이스라엘 가운데
> 서 이런 일을 본 적이 없다 하되(마 9:32-33).

4) 예수님은 귀신들려 눈멀고 말 못 하는 자에게서 귀신을 쫓아내셨다

귀신이 쫓겨 나가자 말하고 눈으로 보게 되었다.

> 그때 귀신 들려 눈 멀고 말 못하는 사람을 데리고 왔거늘 예수님께서 고쳐 주
> 시매 그 말 못하는 사람이 말하며 보게 된지라(마 12:22).

> 예수님께서 한 말 못하게 하는 귀신을 쫓아내시니 귀신이 나가매 말 못하는
> 사람이 말하는지라 무리들이 놀랍게 여겼으나(눅 11:14).

5) 예수님은 가나안 여인의 딸에게 들렸던 흉악한 귀신을 쫓아내셨다

딸은 나음을 입었다. 마태는 가나안 여인, 마가는 헬라인이요 수로보니게 족속의 여인으로 소개한다.

> 가나안 여자 하나가 그 지경에서 나와서 소리 질러 이르되 주 다윗의 자손이여 나를 불쌍히 여기소서 내 딸이 흉악하게 귀신 들렸나이다 하되 … 이에 예수님께서 대답하여 이르시되 여자여 네 믿음이 크도다 네 소원대로 되리라 하시니 그 때로부터 그의 딸이 나으니라 (마 15:22, 28).

> 예수님께서 일어나사 거기를 떠나 두로 지방으로 가서 한 집에 들어가 아무도 모르게 하시려 하나 숨길 수 없더라 이에 더러운 귀신 들린 어린 딸을 둔 한 여자가 예수의 소문을 듣고 곧 와서 그 발 아래에 엎드리니 그 여자는 헬라인이요 수로보니게 족속이라 자기 딸에게서 귀신 쫓아내 주시기를 간구하거늘 … 예수님께서 이르시되 이 말을 하였으니 돌아가라 귀신이 네 딸에게서 나갔느니라 하시매 여자가 집에 돌아가 본즉 아이가 침상에 누웠고 귀신이 나갔더라 (막 7:24-26, 29-30).

6)예수님은 귀신에 들려 간질하는 아들에게서 귀신을 쫓아주셨다

귀신이 나가자 아들은 간질에서 나음을 받았다.

주여 내 아들을 불쌍히 여기소서 그가 간질로 심히 고생하여 자주 불에도 넘어지며 물에도 넘어지는지라 … 이에 예수님께서 꾸짖으시니 귀신이 나가고 아이가 그 때부터 나으니라(마 17:15, 18).

귀신이 어디서든지 그를 잡으면 거꾸러져 거품을 흘리며 이를 갈며 그리고 파리해지는지라 내가 선생님의 제자들에게 내쫓아 달라 하였으나 그들이 능히 하지 못하더이다 … 예수님께서 무리가 달려와 모이는 것을 보시고 그 더러운 귀신을 꾸짖어 이르시되 말 못하고 못 듣는 귀신아 내가 네게 명하노니 그 아이에게서 나오고 다시 들어가지 말라 하시매(막 9:18, 25).

올 때에 귀신이 그를 거꾸러뜨리고 심한 경련을 일으키게 하는지라 예수님께서 더러운 귀신을 꾸짖으시고 아이를 낫게 하사 그 아버지에게 도로 주시니(눅 9:42).

7) 예수님은 가버나움의 회당에서 더러운 귀신 들린 사람에게서 귀신을 쫓아내셨다

마침 그들의 회당에 더러운 귀신 들린 사람이 있어 소리 질러 이르되 나사렛 예수여 우리가 당신과 무슨 상관이 있나이까 우리를 멸하러 왔나이까 나는 당신이 누구인 줄 아노니 하나님의 거룩한 자니이다 예수님께서 꾸짖어 이르

시되 잠잠하고 그 사람에게서 나오라 하시니 더러운 귀신이 그 사람에게 경

련을 일으키고 큰 소리를 지르며 나오는지라(막 1:23-26).

갈릴리의 가버나움 동네에 내려오사 안식일에 가르치시매 ⋯ 회당에 더러운

귀신 들린 사람이 있어 크게 소리 질러 이르되 ⋯ 예수님께서 꾸짖어 이르시

되 잠잠하고 그 사람에게서 나오라 하시니 귀신이 그 사람을 무리 중에 넘어

뜨리고 나오되 그 사람은 상하지 아니한지라(막 4:31, 33, 35).

8) 예수님은 많은 귀신 들린 자에게서 귀신을 쫓아내셨다

저물어 해 질 때에 모든 병자와 귀신 들린 자를 예수께 데려오니 온 동네가 그 문

앞에 모였더라 예수님께서 각종 병이 든 많은 사람을 고치시며 많은 귀신을 내쫓

으시되 귀신이 자기를 알므로 그 말하는 것을 허락하지 아니하시니라(막 1:32-34).

9) 예수님은 온 갈릴리를 다니며 귀신을 쫓아내셨다

이에 온 갈릴리에 다니시며 그들의 여러 회당에서 전도하시고 또 귀신들을

내쫓으시더라(막 1:39).

10) 예수님은 해질 때 많은 귀신 들린 자에게서 귀신을 쫓아내셨다

해 질 무렵에 사람들이 온갖 병자들을 데리고 나아오매 예수님께서 일일이 그 위에 손을 얹으사 고치시니 여러 사람에게서 귀신들이 나가며 소리 질러 이르되 당신은 하나님의 아들이니이다 예수님께서 꾸짖으사 그들이 말함을 허락하지 아니하시니 이는 자기를 그리스도인 줄 앎이러라(눅 4:40-41).

11) 예수님은 예루살렘, 두로, 시돈 등을 두루 다니시며 많은 귀신을 쫓아내셨다

예수님께서 그들과 함께 내려오사 평지에 서시니 그 제자의 많은 무리와 예수의 말씀도 듣고 병 고침을 받으려고 유대 사방과 예루살렘과 두로와 시돈의 해안으로부터 온 많은 백성도 있더라 더러운 귀신에게 고난 받는 자들도 고침을 받은지라(눅 6:17-18).

12) 예수님은 일곱 귀신 들린 막달라인 마리에게서 일곱 귀신을 쫓아주셨다

또한, 악귀를 쫓아내심과 병 고침을 받은 어떤 여자들 곧 일곱 귀신이 나간 자 막달라인이라 하는 마리아와(눅 8:2).

3. 예수님은 각종 병을 치료하셨다

예수님께서 온 갈릴리에 두루 다니사 그들의 회당에서 가르치시며 천국 복음을 전파하시며 백성 중의 모든 병과 모든 약한 것을 고치시니 그의 소문이 온 수리아에 퍼진지라 사람들이 모든 앓는 자 곧 각종 병에 걸려서 고통 당하는 자, 귀신 들린 자, 간질하는 자, 중풍병자들을 데려오니 그들을 고치시더라 (마 4:23-24).

1) 맹인 치료

(1) 예수님은 두 맹인의 눈을 보게 하셨다

예수님께서 거기에서 떠나가실새 두 맹인이 따라오며 소리 질러 이르되 다윗의 자손이여 우리를 불쌍히 여기소서 하더니 … 이에 예수님께서 그들의 눈을 만지시며 이르시되 너희 믿음대로 되라 하시니 그 눈들이 밝아진지라 (마 9:27, 29-30a).

(2) 예수님은 달리 저는 자와 장애인, 맹인, 말못하는 자 등을 낫게 하셨다

큰 무리가 다리 저는 사람과 장애인과 맹인과 말 못하는 사람과 기타 여럿을 데리고 와서 예수의 발 앞에 앉히매 고쳐주시니 말 못하는 사람이 말하고 장애인이 온전하게 되고 다리 저는 사람이 걸으며 맹인이 보는 것을 무리가 보고 놀랍게 여겨 이스라엘의 하나님께 영광을 돌리니라(마 15:30-31).

(3) 예수님은 여리고의 두 맹인의 눈을 보게 하셨다

그들이 여리고에서 떠나 갈 때에 큰 무리가 예수를 따르더라 맹인 두 사람이 길 가에 앉았다가 예수님께서 지나가신다 함을 듣고 소리 질러 이르되 주여 우리를 불쌍히 여기소서 다윗의 자손이여 하니 … 예수님께서 불쌍히 여기사 그들의 눈을 만지시니 곧 보게 되어 그들이 예수를 따르니라(마 20:29-30, 24).

(4) 예수님은 예루살렘에 들어가 성전에서 맹인과 저는 자들을 고쳐주셨다

맹인과 저는 자들이 성전에서 예수께 나아오매 고쳐주시니(마 21:14).

(5) 예수님은 벳새다의 한 맹인을 보게 하셨다

벳새다에 이르매 사람들이 맹인 한 사람을 데리고 예수께 나아와 손 대시기를 구하거늘 예수님께서 맹인의 손을 붙잡으시고 마을 밖으로 데리고 나가사 눈에 침을 뱉으시며 그에게 안수하시고 무엇이 보이느냐 물으시니 쳐다보며 이르되 사람들이 보이나이다 나무 같은 것들이 걸어 가는 것을 보나이다 하거늘 이에 그 눈에 다시 안수하시매 그가 주목하여 보더니 나아서 모든 것을 밝히 보는지라(막 8:22-25).

(6) 예수님은 여리고의 거지 맹인 바디매오와 한 맹인의 눈을 뜨게 하셨다

그들이 여리고에 이르렀더니 예수님께서 제자들과 허다한 무리와 함께 여리고에서 나가실 때에 디매오의 아들인 맹인 거지 바디매오가 길 가에 앉았다가 … 예수님께서 이르시되 가라 네 믿음이 너를 구원하였느니라 하시니 그가 곧 보게 되어 예수를 길에서 따르니라(막 10:46, 52).

여리고에 가까이 가셨을 때에 한 맹인이 길 가에 앉아 구걸하다가 … 네게 무엇을 하여 주기를 원하느냐 이르되 주여 보기를 원하나이다 예수님께서 그에게 이르시되 보라 네 믿음이 너를 구원하였느니라 하시매 곧 보게 되어 하나님께 영광을 돌리며 예수를 따르니 백성이 다 이를 보고 하나님을 찬양하니라(눅 18:35, 41-43).

(7) 예수님은 메시아시며, 메시아는 이사야의 예언대로 병을 치료하신다

예수님께서 대답하여 이르시되 너희가 가서 보고 들은 것을 요한에게 알리되 맹인이 보며 못 걷는 사람이 걸으며 나병환자가 깨끗함을 받으며 귀먹은 사람이 들으며 죽은 자가 살아나며 가난한 자에게 복음이 전파된다 하라(눅 7:22).

(8) 예수님은 예루살렘에서 맹인을 만나 실로암에 가서 씻으라고 하시며 고치셨다

예수님께서 길을 가실 때에 날 때부터 맹인 된 사람을 보신지라 … 이 말씀을 하시고 땅에 침을 뱉어 진흙을 이겨 그의 눈에 바르시고 이르시되 **실로암 못에 가서 씻으라** 하시니 실로암은 번역하면 보냄을 받았다는 뜻이라 이에 가서 씻고 밝은 눈으로 왔더라(요 9:1, 6-7).

2) 나병 치료

(1) 예수님은 산상수훈을 말씀하시고 산에서 내려오실 때 한 명의 나병환자를 치료하셨다

예수님께서 산에서 내려 오시니 수많은 무리가 따르니라 한 나병환자가 나아와 절하며 이르되 주여 원하시면 저를 깨끗하게 하실 수 있나이다 하거늘 예수님께서 손을 내밀어 그에게 대시며 이르시되 내가 원하노니 깨끗함을 받으라 하시니 즉시 그의 나병이 깨끗하여진지라(마 9:1-3).

(2) 예수님은 갈릴리에서 한 나병환자를 치료하셨다

한 나병환자가 예수께 와서 꿇어 엎드려 간구하여 이르되 원하시면 저를 깨끗하게 하실 수 있나이다 예수님께서 불쌍히 여기사 손을 내밀어 그에게 대시며 이르시되 내가 원하노니 깨끗함을 받으라 하시니 곧 나병이 그 사람에게서 떠나가고 깨끗하여진지라(막 1:40-42).

(3) 예수님은 한 동네에서 온몸에 나병 들린 자를 치료하셨다

예수님께서 한 동네에 계실 때에 온몸에 나병 들린 사람이 있어 예수를 보고 엎드려 구하여 이르되 주여 원하시면 나를 깨끗하게 하실 수 있나이다 하니 예수님께서 손을 내밀어 그에게 대시며 이르시되 내가 원하노니 깨끗함을 받으라 하신대 나병이 곧 떠나니라(눅 5:12-13).

(4) 예수님은 열 명의 나병환자를 치료하셨다

예수님께서 예루살렘으로 가실 때에 사마리아와 갈릴리 사이로 지나가시다가 한 마을에 들어가시니 나병환자 열 명이 예수를 만나 멀리 서서 … 보시고 이르시되 가서 제사장들에게 너희 몸을 보이라 하셨더니 그들이 가다가 깨끗함을 받은지라(눅 17:11-12, 14).

3) 중풍병 치료

(1) 많은 중풍병을 고치셨다

그의 소문이 온 수리아에 퍼진지라 사람들이 모든 앓는 자 곧 각종 병에 걸려서 고통 당하는 자, 귀신 들린 자, 간질하는 자, 중풍병자들을 데려오니 그들을 고치시더라(마 4:24).

(2) 예수님은 백부장 하인의 중풍병을 고쳐주셨다

예수님께서 가버나움에 들어가시니 한 백부장이 나아와 간구하여 이르되 주여 내 하인이 중풍병으로 집에 누워 몹시 괴로워하나이다 … 예수님께서 백부장에게 이르시되 가라 네 믿은 대로 될지어다 하시니 그 즉시 하인이 나으니라(마 8:6, 13).

(3) 예수님은 침상에 누운 중풍병자를 치료하셨다

예수님께서 배에 오르사 건너가 본 동네에 이르시니 침상에 누운 중풍병자를 사람들이 데리고 오거늘 예수님께서 그들의 믿음을 보시고 중풍병자에게 이르시되 작은 자야 안심하라 네 죄 사함을 받았느니라 … 그러나 인자가 세상에서 죄를 사하는 권능이 있는 줄을 너희로 알게 하려 하노라 하시고 중풍병자에게 말씀하시되 일어나 네 침상을 가지고 집으로 가라 하시니 그가 일어나 집으로 돌아가거늘(마 9:1-2, 6-7).

사람들이 한 중풍병자를 네 사람에게 메워 가지고 예수께로 올새 … 내가 네게 이르노니 일어나 네 상을 가지고 집으로 가라 하시니 그가 일어나 곧 상을 가지고 모든 사람 앞에서 나가거늘 그들이 다 놀라 하나님께 영광을 돌리며 이르되 우리가 이런 일을 도무지 보지 못하였다 하더라(막 2:3, 11-12).

한 중풍병자를 사람들이 침상에 메고 와서 예수 앞에 들여놓고자 하였으나 무리 때문에 메고 들어갈 길을 얻지 못한지라 지붕에 올라가 기와를 벗기고 병자를 침상째 무리 가운데로 예수 앞에 달아 내리니 … 그 사람이 그들 앞에서 곧 일어나 그 누웠던 것을 가지고 하나님께 영광을 돌리며 자기 집으로 돌아가니(눅 5:18-19, 25).

4) 각종 병을 치료

(1) 예수님은 베드로의 장모의 열병을 치료하셨다

예수님께서 베드로의 집에 들어가사 그의 장모가 열병으로 앓아 누운 것을 보시고 그의 손을 만지시니 열병이 떠나가고 여인이 일어나서 예수께 수종들더라(마 8:14-15).

(2) 예수님은 병든 자들을 다 고치셨다

저물매 사람들이 귀신 들린 자를 많이 데리고 예수께 오거늘 **예수님께서 말씀으로 귀신들을 쫓아 내시고 병든 자들을 다 고치시니** … 예수님께서 모든 도시와 마을에 두루 다니사 그들의 회당에서 가르치시며 천국 복음을 전파하시며 **모든 병과 모든 약한 것을 고치시니라**(마 8:16; 9:35).

예수님께서 각종 병이 든 많은 사람을 고치시며 많은 귀신을 내쫓으시되 귀신이 자기를 알므로 그 말하는 것을 허락하지 아니하시니라(막 1:34).

(3) 예수님은 안식일 회당에서 한 편 손 마른 자를 고치셨다

한쪽 손 마른 사람이 있는지라 사람들이 예수를 고발하려 하여 물어 이르되 안식일에 병 고치는 것이 옳으니이까 … 예수님께서 아시고 거기를 떠나가시니 많은 사람이 따르는지라 **예수님께서 그들의 병을 다 고치시고**(마 12:10, 15).

예수님께서 다시 회당에 들어가시니 **한쪽 손 마른 사람**이 거기 있는지라 사람들이 예수를 고발하려 하여 안식일에 그 사람을 고치시는가 주시하고 있거늘 … 그들의 마음이 완악함을 탄식하사 노하심으로 그들을 둘러 보시고 그 사람에게 이르시되 네 손을 내밀라 하시니 내밀매 그 손이 회복되었더라(막 3:1-2, 5).

또 다른 안식일에 예수님께서 회당에 들어가사 가르치실새 거기 오른손 마른
사람이 있는지라 서기관과 바리새인들이 예수를 고발할 증거를 찾으려 하여
안식일에 병을 고치시는가 엿보니 … 무리를 둘러보시고 그 사람에게 이르시
되 네 손을 내밀라 하시니 그가 그리하매 그 손이 회복된지라 (눅 6:6-7, 10).

(4) 예수님은 유대 지경에 이르러 큰 무리가 따를 때 그들의 병을 고치셨다

예수님께서 이 말씀을 마치시고 갈릴리를 떠나 요단 강 건너 유대 지경에 이르시
니 큰 무리가 따르거늘 예수님께서 거기서 그들의 병을 고치시더라 (마 19:1-2).

(5) 예수님은 각종 병자를 고치셨다

예수님께서 각종 병이 든 많은 사람을 고치시며 많은 귀신을 내쫓으시되 귀
신이 자기를 알므로 그 말하는 것을 허락하지 아니하시니라 (막 1:34).

(6) 예수님은 자기를 믿지 않는 고향에서 소수의 병자를 안수하여 고치셨다

예수님께서 그들에게 이르시되 선지자가 자기 고향과 자기 친척과 자기 집
외에서는 존경을 받지 못함이 없느니라 하시며 거기서는 아무 권능도 행하실
수 없어 다만 소수의 병자에게 안수하여 고치실 뿐이었고 (막 6:4-5).

(7) 예수님은 많은 병자들에게 기름을 발라 고치셨다

많은 귀신을 쫓아내며 많은 병자에게 기름을 발라 고치더라(막 6:13).

(8) 예수님은 병자들에게 일일이 손을 얹어 고치셨다

해 질 무렵에 사람들이 온갖 병자들을 데리고 나아오매 예수님께서 일일이 그 위에 손을 얹으사 고치시니(눅 4:40).

(9) 예수님은 예루살렘에서 온 바리새인과 율법 교사들을 치료하셨다

하루는 가르치실 때에 갈릴리의 각 마을과 유대와 예루살렘에서 온 바리새인과 율법교사들이 앉았는데 병을 고치는 주의 능력이 예수와 함께 하더라(눅 5:17).

(10) 예수님은 질병과 고통, 맹인을 고치셨다

마침 그 때에 예수님께서 질병과 고통과 및 악귀 들린 자를 많이 고치시며 또 많은 맹인을 보게 하신지라(눅 7:21).

(11) 예수님은 백부장의 하인의 병을 치료하셨다

예수님께서 백부장에게 이르시되 가라 네 믿은 대로 될지어다 하시니 그 즉시 하인이 나으니라(마 8:13).

제4장

멜기세덱의 반차를 따르는 영원한 제사장

멜기세덱은 창세기 14장에 갑자기 등장한다. 엘람 왕 그돌라오멜과 다섯 왕 연합군이 소돔과 고모라를 쳐들어와 모든 재물과 양식을 빼앗아 간다. 그 과정에서 소돔에 거주하던 아브람의 조카 롯의 가족들도 사로잡혀 간다. 아브람은 집에서 기르고 훈련된 사명 삼백십팔 명을 거느리고 다메섹 왼편 호바까지 따라가 "모든 빼앗겼던 재물과 자기의 조카 롯과 그의 재물과 또 부녀와 친척을 다 찾아"(창 14:9-16) 왔다. 그때 아브람 앞에 신비의 인물, 살렘 왕 멜기세덱이 나타난다.

> 살렘 왕 멜기세덱이 떡과 포도주를 가지고 나왔으니 그는 지극히 높으신 하나님의 제사장이었더라(창 14:18).

멜기세덱은 아브람에게 "천지의 주재이시요 지극히 높으신 하나님이여 아브람에게 복을 주옵소서 너희 대적을 네 손에 붙이신 지극히 높으신 하나님을 찬송할지로다"(창 14:19-20)라고 축복한다. 아브람은 얻은 소득의 십분의 일을 멜기세덱에게 준다. 그리고 멜기세덱은 구약 역사

에 한 번도 나타나지 않는다. 그리고 '살렘 왕'으로 소개되는데, 학자들
은 살렘을 '예루살렘'으로 본다.

히브리서는 아브람에게 나타났던 신비의 인물 멜기세덱을 신학적으
로 예수 그리스도와 연결한다.

1. 히브리서는 멜기세덱을 예수님으로 본다[1]

히브리서는 멜기세덱을 창세기 14장과 마찬가지로 살렘 왕, 지극히
높으신 하나님의 제사장, 아브라함을 만나 복을 빈 자, 십분의 일을 받
은 자로 소개한다. 그러면서 멜기세덱이 누구인가에 대해 신학적 해석
을 추가한다. 살렘은 히브리어 샬롬(שלום)이다. 평강이다. 그래서 살렘
의 왕은 평강의 왕으로 해석된다. 그는 부모도 없고, 시작한 날도 생명
의 끝도 없는 존재이다. 하나님의 아들과 닮아 항상 제사장으로 있다.

히브리서는 아브라함이 멜기세덱에게 십일조를 드린 것과 멜기세덱
이 아브라함에게 '복'을 빈 것에 대해 높은 자가 낮은 자에게 축복을 받
는 것으로 해석한다. 결론적으로 히브리서는 창세기 14장에 아브라함

---

1   멜기세덱은 누구인가?
    아브라함에게 갑자기 나타난 신비의 인물이다. 그는 아브라함에게 복을 기도했고,
    아브라함은 십일조를 드렸다. 멜기세덱은 살렘 왕이다. 살렘(שלם)은 히브리어 샬롬
    (שלום) 곧 '평화, 평강'과 '평화의 도시'라는 의미인 예루살렘(ירושלים)으로 본다. 살
    렘 왕은 곧 평강의 왕이다. 그는 지극히 높으신 하나님의 제사장이다. 의의 왕이다.
    멜기세덱의 신비는 그는 아버지도, 어머니도, 족보도, 시작한 날도, 생명의 끝도 없
    는 인물이다. 하나님의 아들과 닮은 항상 제사장으로 있다. 히브리서는 신학적 의미
    를 담아 예수님은 멜기세덱의 반차를 좇은 영원한 왕으로 보신다.

에게 나타난 멜기세덱을 예수님으로 해석하고 있다.

> 이 멜기세덱은 살렘 왕이요 지극히 높으신 하나님의 제사장이라 여러 왕을 쳐서 죽이고 돌아오는 아브라함을 만나 복을 빈자라 아브라함이 모든 것의 십분의 일을 그에게 나누어 주니라 그 이름을 해석하면 먼저는 의의 왕이요 그다음은 살렘 왕이니 곧 평강의 왕이요 아버지도 없고 어머니도 없고 족보도 없고 시작한 날도 없고 생명의 끝도 없어 하나님의 아들과 닮아서 항상 제사장으로 있느니라 … 레위 족보에 들지 아니한 멜기세덱은 아브라함에게서 십분의 일을 취하고 약속을 받은 그를 위하여 복을 빌었나니 논란의 여지 없이 낮은 자가 높은 자에게서 축복을 받느니라 (히 7:1-3, 6-7) .

2. 예수님은 멜기세덱의 반차를 따르는 영원한 대제사장이시다

예수님의 삼대 직분은 왕, 선지자, 제사장이다. 모두 기름 부어 세우는 직분이다. 메시아는 '기름을 부어 세우다'라는 의미가 있다. 하나님께서 이 땅에 구원자로 보내실 메시아는 성령의 기름을 부어 세우셨다. 예수님은 이 땅에 "세상 죄를 지고 가는 어린양"(요 1:29)으로 오셨다. 그리스도 예수 안에서 죄에서 속량을 받는다(롬 3:24). 예수님은 죄인들의 죄를 구원하시기 위해 십자가에서 죽으시고 부활하셨다. 예수님은 십자가에서 자기의 피로 영원한 속죄를 이루셔서 우리가 단번에 성소에 들어가게 되었다(히 9:12).

그래서 " 영원하신 성령으로 말미암아 흠 없는 자기를 하나님께 드린 그리스도의 피가 어찌 너희 양심을 죽은 행실에서 깨끗하게 하고 살아 계신 하나님을 섬기게 하지 못하겠느냐"(히 9:14)라고 반문한다. 예수님은 십자가에서 "자신을 버리사 향기로운 제물과 희생제물로 하나님께"(엡 5:2) 드렸다. 예수님은 십자가에서 제물이 되시는 동시에 대제사장이시다.

> 그러므로 그가 범사에 형제들과 같이 되심이 마땅하도다 이는 하나님의 일에 자비하고 신실한 대제사장이 되어 백성의 죄를 속량하려 하심이라 … 그러므로 함께 하늘의 부르심을 받은 거룩한 형제들아 우리가 믿는 도리의 사도이시며 대제사장이신 예수를 깊이 생각하라 … 그러므로 우리에게 큰 대제사장이 계시니 승천하신 이 곧 하나님의 아들 예수시라 우리가 믿는 도리를 굳게 잡을지어다(히 2:17; 3:1; 4:14).

> 또한, 이와 같이 다른 데서 말씀하시되 네가 영원히 멜기세덱의 반차를 따르는 제사장이라 하셨으니(히 5:5).

> 그가 아들이시면서도 받으신 고난으로 순종함을 배워서 온전하게 되셨은즉 자기에게 순종하는 모든 자에게 영원한 구원의 근원이 되시고 하나님께 멜기세덱의 반차를 따른 대제사장이라 칭하심을 받으셨느니라 … 그리로 앞서 가신 예수님께서 멜기세덱의 반차를 따라 영원히 대제사장이 되어 우리를 위하여 들어 가셨느니라(히 5:8-10; 6:20).

멜기세덱과 같은 별다른 한 제사장이 일어난 것을 보니 더욱 분명하도다 그는 육신에 속한 한 계명의 법을 따르지 아니하고 오직 불멸의 생명의 능력을 따라 되었으니 증언하기를 네가 영원히 멜기세덱의 반차를 따르는 제사장이라 하였도다 (히 7:15-17).

예수는 영원히 계시므로 그 제사장 직분도 갈리지 아니하느니라 … 그는 저 대제사장들이 먼저 자기 죄를 위하고 다음에 백성의 죄를 위하여 날마다 제사 드리는 것과 같이 할 필요가 없으니 이는 **그가 단번에 자기를 드려 이루셨음이라** (히 7:24, 27).

제5장

예수님의 승천과 재림

1. 예수님의 승천

1) 예수님은 승천하셔서 하나님 우편에 앉아 계시고 또한, 서서 계신다[1]

그러나 이제부터는 인자가 하나님의 권능의 우편에 앉아 있으리라 하시니 (눅 22:69).

예수님께서 이르시되 내가 그니라 인자가 권능자의 우편에 앉은 것과 하늘 구름을 타고 오는 것을 너희가 보리라 하시니 … 주 예수님께서 말씀을 마치신 후에 하늘로 올려지사 하나님 우편에 앉으시니라 (막 14:62; 16:19).

1 　우편은 왕권을 상징한다. 왕자들은 왕의 우편이나 좌편에 서 있다. 예수님은 하나님의 아들인 성자의 위격으로 하나님의 우편에 앉아 계시거나 서 계신 것으로 표현된다.

스데반이 성령 충만하여 하늘을 우러러 주목하여 **하나님의 영광과 및 예수님 께서 하나님 우편에 서신 것을** 보고 말하되 보라 하늘이 열리고 인자가 하나 님 우편에 서신 것을 보노라 한대(행 7:55-56).

누가 정죄하리요 죽으실 뿐 아니라 다시 살아나신 이는 **그리스도 예수시니 그는 하나님 우편에 계신 자요** 우리를 위하여 간구하시는 자시니라(롬 8:34).

그러므로 너희가 그리스도와 함께 다시 살리심을 받았으면 위의 것을 찾으라 거기는 그리스도께서 하나님 우편에 앉아 계시느니라(골 3:1).

이는 하나님의 영광의 광채시요 그 본체의 형상이시라 그의 능력의 말씀으로 만물을 붙드시며 죄를 정결하게 하는 일을 하시고 높은 곳에 계신 지극히 크 신 이의 우편에 앉으셨느니라 ⋯ 오직 **그리스도는** 죄를 위하여 한 영원한 제 사를 드리시고 **하나님 우편에 앉으사** ⋯ 십자가를 참으사 부끄러움을 개의치 아니하시더니 **하나님 보좌 우편에 앉으셨느니라**(히 1:3; 10:12; 12:12).

그는 하늘에 오르사 **하나님 우편에 계시니** 천사들과 권세들과 능력들이 그에 게 복종하느니라(벧전 3:22).

2) 예수님은 하나님 우편에 계시고 우리를 위해 기도해 주신다

누가 정죄하리요 죽으실 뿐 아니라 다시 살아나신 이는 그리스도 예수시니 그는 하나님 우편에 계신 자요 우리를 위하여 간구하시는 자시니라(롬 8:4).

3) 예수님은 십자가의 죽음으로 죄를 위해 영원한 제사를 드리고 하나님 우편에 앉아 계신다

오직 그리스도는 죄를 위하여 한 영원한 제사를 드리시고 하나님 우편에 앉으사 (히 10:12).

4) 예수님은 하나님과 사람 사이의 중보자, 새 언약의 중보자이 시다

하나님은 한 분이시요 또 하나님과 사람 사이에 중보자도 한 분이시니 곧 사람이신 그리스도 예수라(딤전 2:5).

이로 말미암아 그는 새 언약의 중보자시니 이는 첫 언약 때에 범한 죄에서 속량하려고 죽으사 부르심을 입은 자로 하여금 영원한 기업의 약속을 얻게 하려 하심이라(히 9:15).

5) 예수님은 천국에서 우리를 위해 거처를 예비하신다

> 너희는 마음에 근심하지 말라 하나님을 믿으니 또 나를 믿으라 내 아버지 집
> 에 거할 곳이 많도다. 그렇지 않으면 너희에게 일렀으리라 내가 너희를 위하
> 여 거처를 예비하러 가노니 가서 너희를 위하여 거처를 예비하면 내가 다시
> 와서 너희를 내게로 영접하여 나 있는 곳에 너희도 있게 하리라 (요 14:1-3).

2. 예수님의 재림

예수님께서 감람산(the Mount of Olives)에서 승천하실 때 구름이 예수
님을 가렸다. 제자들이 하늘을 쳐다보고 있을 때 흰옷 입은 천사들은
그들에게 "갈릴리 사람들아 어찌하여 서서 하늘을 쳐다보느냐 너희 가
운데서 하늘로 올려지신 이 예수는 하늘로 가심을 본 그대로 오시리
라"(행 1:9-11)고 말했다. 승천하신 예수님은 이 땅에 다시 오신다. 한자
어로 재림(降臨), 강림(再臨)이다.

재림하실 때 어떤 모습이며, 왜, 재림하실까?

1) 예수님은 재림/강림하신다

> 그러나 각각 자기 차례대로 되리니 먼저는 첫 열매인 그리스도요 다음에는
> 그가 강림하실 때에 그리스도에게 속한 자요 (고전 15:23).

2) 예수님은 강림/재림하실 때 성도들에게 영광을 받으신다

그날에 그가 강림하사 그의 성도들에게서 영광을 받으시고 모든 믿는 자들에게서

놀랍게 여김을 얻으시리니 이는 우리의 증거가 너희에게 믿어졌음이라(살후 1:10).

3) 예수님은 성도들과 함께 강림/재림하신다

너희 마음을 굳건하게 하시고 우리 주 예수님께서 그의 모든 성도와 함께 강림

하실 때에 하나님 우리 아버지 앞에서 거룩함에 흠이 없게 하시기를 원하노라

(살전 3:13).

4) 예수님은 천사장의 나팔 소리와 함께 천사들과 함께 강림/재림 하신다

주께서 호령과 천사장의 소리와 하나님의 나팔 소리로 친히 하늘로부터 강림

하시리니 그리스도 안에서 죽은 자들이 먼저 일어나고(살전 4:16).

5) 예수님이 강림하실 때 그리스도 안에서 죽은 자들이 먼저 일어 나고(부활하고) 살아 있는 자들은 구름 속으로 끌려 올려가 주님 을 영접한다(휴거. 携擧, rapture)

주께서 호령과 천사장의 소리와 하나님의 나팔 소리로 친히 하늘로부터 강림 하시리니 그리스도 안에서 죽은 자들이 먼저 일어나고 그 후에 우리 살아 남 은 자들도 그들과 함께 구름 속으로 끌어 올려 공중에서 주를 영접하게 하시 리니 그리하여 우리가 항상 주와 함께 있으리라(살전 4:16-17).

6) 예수님이 강림하실 때 그리스도인들은 변화된 모습으로, 썩지 않는 모습으로 변화되어 하늘로 올라간다

보라 내가 너희에게 비밀을 말하노니 우리가 다 잠 잘 것이 아니요 마지막 나 팔에 순식간에 홀연히 다 변화되리니 나팔 소리가 나매 죽은 자들이 썩지 아 니할 것으로 다시 살아나고 우리도 변화되리라(고전 15:51-53).

3. 예수님의 재림과 그리스도인

1) 우리는 재림을 소망해야 한다

또 죽은 자들 가운데서 다시 살리신 그의 아들이 하늘로부터 강림하실 것을 너희가 어떻게 기다리는지를 말하니 이는 장래의 노하심에서 우리를 건지시는 예수시니라(살전 1:10).

2) 우리는 재림 전까지 하나님 앞에서 거룩해야 한다

너희 마음을 굳건하게 하시고 우리 주 예수님께서 그의 모든 성도와 함께 **강림하실 때에** 하나님 우리 아버지 앞에서 거룩함에 흠이 없게 하시기를 원하노라 (살전 3:13).

평강의 하나님이 친히 너희를 온전히 거룩하게 하시고 또 너희의 온 영과 혼과 몸이 우리 주 예수 그리스도께서 **강림하실 때에** 흠 없게 보전되기를 원하노라 (살전 5:23).

3) 이미 죽은 자들 곧 천국에 있는 자들도 예수님의 재림 때 함께 이 땅에 내려아고, 살아 있는 자들은 구름으로 끌려 올려 예수님을 영접하게 된다

우리가 주의 말씀으로 너희에게 이것을 말하노니 주께서 강림하실 때까지 우리 살아 남아 있는 자도 자는 자보다 결코 앞서지 못하리라 주께서 호령과 천사장의 소리와 하나님의 나팔 소리로 친히 하늘로부터 강림하시리니 그리스도 안에서 죽은 자들이 먼저 일어나고 그 후에 우리 살아 남은 자들도 그들과 함께 구름 속으로 끌어 올려 공중에서 주를 영접하게 하시리니 그리하여 우리가 항상 주와 함께 있으리라(살전 4:15-17).

4) 빛의 자녀는 재림 때를 알게 된다

하나님은 빛의 자녀들에게 재림을 도둑같이 임하지 않게 하신다. 우리에게 알게 하셔서 믿음으로 예수님의 재림을 맞을 준비를 하게 하신다.

형제들아 때와 시기에 관하여는 너희에게 쓸 것이 없음은 주의 날이 밤에 도둑 같이 이를 줄을 너희 자신이 자세히 알기 때문이라 그들이 평안하다, 안전하다 할 그 때에 임신한 여자에게 해산의 고통이 이름과 같이 멸망이 갑자기 그들에게 이르리니 결코 피하지 못하리라 형제들아 너희는 어둠에 있지 아니하매 그 날이 도둑 같이 너희에게 임하지 못하리니 너희는 다 빛의 아들이요 낮의 아들이라(살전 5:1-5).

밤이 깊고 낮이 가까웠으니 그러므로 우리가 어둠의 일을 벗고 빛의 갑옷을 입자 낮에와 같이 단정히 행하고 방탕하거나 술 취하지 말며 음란하거나 호색하지 말며 다투거나 시기하지 말고 오직 주 예수 그리스도로 옷 입고 정욕을 위하여 육신의 일을 도모하지 말라(롬 13:13-14).

5) 우리는 주님의 강림하시기까지 길이 참아야 한다

예수님의 재림/강림이 가깝다. 추수한 품꾼에게 주지 아니한 삯이 소리 지르며 추수한 자의 소리가 만군의 주의 귀에 들렸다. 예수님은 재림하여 우리가 주님을 위한 일에 대한 상을 주신다

보라 너희 밭에서 추수한 품꾼에게 주지 아니한 삯이 소리 지르며 그 추수한 자의 우는 소리가 만군의 주의 귀에 들렸느니라 … 그러므로 형제들아 주께서 강림하시기까지 길이 참으라 보라 농부가 땅에서 나는 귀한 열매를 바라고 길이 참아 이른 비와 늦은 비를 기다리나니 너희도 길이 참고 마음을 굳건하게 하라 주의 강림이 가까우니라(약 5:4, 7-8).

형제들아 서로 원망하지 말라 그리하여야 심판을 면하리라 보라 심판주가 문밖에 서 계시니라 형제들아 주의 이름으로 말한 선지자들을 고난과 오래 참음의 본으로 삼으라 보라 인내하는 자를 우리가 복되다 하나니 너희가 욥의 인내를 들었고 주께서 주신 결말을 보았거니와 주는 가장 자비하시고 긍휼히 여기시는 이시니라(약 5:9-11).

6) 우리의 재림은 순서가 있으며 예수님은 왕 노릇을 하실 것이다[2]

그러나 각각 자기 차례대로 되리니 먼저는 첫 열매인 그리스도요 다음에는 그가 강림하실 때에 그리스도에게 속한 자요 그 후에는 마지막이니 그가 모든 통치와 모든 권세와 능력을 멸하시고 나라를 아버지 하나님께 바칠 때라 그가 모든 원수를 그 발 아래에 둘 때까지 반드시 왕 노릇 하시리니 맨 나중에 멸망 받을 원수는 사망이니라(고전 15:23-26).

7) 예수님은 재림 때 성도들에게 영광을 받으신다

그날에 그가 강림하사 그의 성도들에게서 영광을 받으시고 모든 믿는 자들에게서 놀랍게 여김을 얻으시리니 이는 우리의 증거가 너희에게 믿어졌음이라(살후 1:10).

8) 미혹되어 배교하는 자들이 있지만, 우리는 두려워하거나 흔들리지 말아야 한다

예수님이 재림하기 전, 그리스도인들에게 미혹이 있을 것이다.

형제들아 우리가 너희에게 구하는 것은 우리 주 예수 그리스도의 강림하심과 우리가 그 앞에 모임에 관하여 영으로나 또는 말로나 또는 우리에게서 받

---

2 첫째, 그리스도, 둘째, 강림하실 때 그리스도에게 속한 성도, 셋째, 예수님은 모든 통치와 모든 권세와 능력을 멸하실 것이다. 그리고 하나님께 모든 것을 바칠 것이다. 예수님은 모든 원수를 발 아래 둘 때까지 왕노릇하실 것이다.

았다 하는 편지로나 주의 날이 이르렀다고 해서 쉽게 마음이 흔들리거나 두

려워하거나 하지 말아야 한다는 것이라 누가 어떻게 하여도 너희가 미혹되지

말라 먼저 배교하는 일이 있고 저 불법의 사람 곧 멸망의 아들이 나타나기 전

에는 그 날이 이르지 아니하리니 그는 대적하는 자라 신이라고 불리는 모든

것과 숭배함을 받는 것에 대항하여 그 위에 자기를 높이고 하나님의 성전에

앉아 자기를 하나님이라고 내세우느니라(살후 2:1-4).

9) 주의 재림을 믿는 것은 당연한 것이다

우리 주 예수 그리스도의 능력과 강림하심을 너희에게 알게 한 것이 교묘히 만든

이야기를 따른 것이 아니요 우리는 그의 크신 위엄을 친히 본 자라(벧후 1:16).

10) 마지막 때 주의 강림이 없다고 조롱하는 자들이 온다

먼저 이것을 알지니 말세에 조롱하는 자들이 와서 자기의 정욕을 따라 행하

며 조롱하여 이르되 주께서 강림하신다는 약속이 어디 있느냐 조상들이 잔

후로부터 만물이 처음 창조될 때와 같이 그냥 있다 하니 이는 하늘이 옛적부

터 있는 것과 땅이 물에서 나와 물로 성립된 것도 하나님의 말씀으로 된 것을

그들이 일부러 잊으려 함이로다(벧후 3:3-4).

11) 재림 전, 말세에 사람들은 타락한 마음으로 변한다

너는 이것을 알라 말세에 고통하는 때가 이르러 사람들이 자기를 사랑하며 돈을 사랑하며 자랑하며 교만하며 비방하며 부모를 거역하며 감사하지 아니하며 거룩하지 아니하며 무정하며 원통함을 풀지 아니하며 모함하며 절제하지 못하며 사나우며 선한 것을 좋아하지 아니하며 배신하며 조급하며 자만하며 쾌락을 사랑하기를 하나님 사랑하는 것보다 더하며 경건의 모양은 있으나 경건의 능력은 부인하니 이같은 자들에게서 네가 돌아서라(딤후 3:1-5).

4. 예수님의 재림과 심판

1) 예수님은 세상 심판 때 제자들과 함께 열두 보좌에 앉아 열두 지파를 심판하신다

예수님께서 이르시되 내가 진실로 너희에게 이르노니 세상이 새롭게 되어 인가 자기 영광의 보좌에 앉을 때에 나를 따르는 너희도 열두 보좌에 앉아 이스라엘 열두 지파를 심판하리라(마 19:28).

2) 예수님은 세상을 심판하기 위해 오신 것이 아니라 구원하기 위해 오셨다

하나님이 그 아들을 세상에 보내신 것은 세상을 심판하려 하심이 아니요 그로 말미암아 세상이 구원을 받게 하려 하심이라(요 3:17).

3) 예수님을 믿는 자는 심판을 받지 않고 영생을 얻는다

그를 믿는 자는 심판을 받지 아니하는 것이요 믿지 아니하는 자는 하나님의 독생자의 이름을 믿지 아니하므로 벌써 심판을 받은 것이니라(요 3:18).

내가 진실로 진실로 너희에게 이르노니 내 말을 듣고 또 나 보내신 이를 믿는 자는 영생을 얻었고 심판에 이르지 아니하나니 사망에서 생명으로 옮겼느니라 (요 5:24).

4) 하나님은 예수님께 심판의 권한을 주셨다

아버지께서 자기 속에 생명이 있음 같이 **아들에게도** 생명을 주어 그 속에 있게 하셨고 또 **인자됨으로** 말미암아 **심판하는 권한을 주셨느니라** 이를 놀랍게 여기지 말라 무덤 속에 있는 자가 다 그의 음성을 들을 때가 오나니 선한 일을 행한 자는 생명의 부활로, 악한 일을 행한 자는 심판의 부활로 나오리라(요 5:26-29).

5) 악한 일을 한 자들은 심판의 부활이 있다

악한 자는 죽음 이후 멸망의 심판을 받는다. 그러나 선한 일을 행한 자는 생명의 부활이 있다.

> 이를 놀랍게 여기지 말라 무덤 속에 있는 자가 다 그의 음성을 들을 때가 오 나니 선한 일을 행한 자는 생명의 부활로, 악한 일을 행한 자는 심판의 부활 로 나오리라(요 5:29).

6) 예수님은 하나님의 뜻대로 심판하기 때문에 의로운 심판이다

> 내가 아무 것도 스스로 할 수 없노라 듣는 대로 심판하노니 나는 나의 뜻대로 하려 하지 않고 나를 보내신 이의 뜻대로 하려 하므로 내 심판은 의로우니라 (요 5:30).

7) 우리는 모두 그리스도의 심판대 앞에서 선악(善惡) 간의 심판을 받는다

> 이는 우리가 다 반드시 그리스도의 심판대 앞에 나타나게 되어 각각 선악간 에 그 몸으로 행한 것을 따라 받으려 함이라 우리는 주의 두려우심을 알므로 사람들을 권면하거니와 우리가 하나님 앞에 알리어졌으니 또 너희의 양심에 도 알리어지기를 바라노라(고후 5:10-11).

8) 예수님은 살아있는 자와 죽은 자를 심판하신다

하나님 앞과 살아 있는 자와 죽은 자를 심판하실 그리스도 예수 앞에서 그가

나타나실 것과 그의 나라를 두고 엄히 명하노니(딤후 4:1).

9) 예수님은 심판주로 서 계신다

그러므로 형제들아 주께서 강림하시기까지 길이 참으라 보라 농부가 땅에서 나는

귀한 열매를 바라고 길이 참아 이른 비와 늦은 비를 기다리나니 너희도 길이 참고

마음을 굳건하게 하라 **주의 강림**이 가까우니라 형제들아 서로 원망하지 말라 그

리하여야 심판을 면하리라 **보라 심판주가 문 밖에 서 계시니라**(약 5:7-9).

제6장

예수님에 대한 예언과 성취

성경을 관통하는 주제는 예언과 성취이다. 하나님은 구약성경에서 죄인을 구원하실 메시아를 보내주실 것을 약속하셨다. 선지자들을 통해 예언하셨다. 신약성경은 예수님에 대한 예언에 대한 성취의 사건들이며 기록이다. 예수님의 오심과 구원 사역(공생애), 승천과 재림 모두가 예언에 대한 성취였다.

1. 여자의 후손[1]

아담과 하와가 불순종으로 선악과를 먹고 난 뒤, 하나님은 하와를 유혹한 뱀에게 말씀하셨다. 하나님은 최초의 복음, 원시복음(원복음)을 말씀하셨다. 여자의 후손은 단수이다. '그 하나의 후손' 곧 '예수 그리스

---

1 하나님은 구원자가 여자의 후손으로 오실 것을 말씀하셨다(창 3:15). '후손'은 히브리어로 제라(זֶרַע)인데 단수이다. '그 한 명의 후손'이다. 예수님은 여자의 후손으로 오셨다. 여자인 마리아에게서 그리스도(=메시아)라 칭하는 예수가 나셨다(마 1:.16). 예언의 성취였다. 여자의 후손인 예수 그리스도는 뱀 곧 사탄의 머리를 상하게 할 것이다. 예수님은 십자가에서 사탄과 죄와 죽음의 권세를 이기셨다. 뱀 곧 사탄의 머리를 부수셔서 승리하셨다.

도'시다. 여자의 후손으로 오시는 예수님께서 뱀의 머리를 상하게 할 것이다. 십자가에서 죽으시므로 뱀의 후손은 여자의 후손인 예수님의 뒤꿈치를 상하게 했다. 그러나 부활하심으로 사탄의 죄의 권세, 사망의 권세를 이기셨다.

그래서 사탄의 머리를 상하게 한 것이다. 마태는 아브라함과 다윗의 후손으로 오실 메시아를 마태복음 1장에서 족보로 증거한다. 아브라함의 족보는 "아버지가 아들을 낳는 형식"으로 기록된다. 남자가 남자를 낳는다. 그런데 "마리아에게서" 곧 여자의 후손으로 "그리스도라 칭하는 예수"가 나셨다. 그리스도는 메시아다. 바울은 "하나님이 그 아들을 여자에게 나게" 하셨다고 했다. 창세기 3장 15절의 예언인 "여자의 후손"으로 오신 예수 그리 스도이다.

> 내가 너로 여자와 원수가 되게 하고 네 후손도 **여자의 후손**과 원수가 되게 하리니 **여자의 후손**은 네 머리를 상하게 할 것이요 너는 그의 발꿈치를 상하게 할 것이니라 하시고(창 3:15).

> 야곱은 마리아의 남편 요셉을 낳았으니 **마리아에게서 그리스도라 칭하는 예수가 나시니라**(마 1:16).

> 때가 차매 하나님이 그 아들을 보내사 **여자에게서 나게 하시고** 율법 아래에 나게 하신 것은 율법 아래에 있는 자들을 속량하시고 우리로 아들의 명분을 얻게 하려 하심이라(갈 4:4-5).

2. 왕

1) 규와 통치자의 지팡이[2]

규(the scepter)와 통치자의 지팡이(the ruler's staff)는 통치자. 왕을 상징한다. 야곱은 열두 아들을 축복할 때, 유대의 후손에서 왕이 태어날 것이라는 예언적 기도를 했다. 유다의 후손에서 진정한 왕인 다윗왕이 태어났고, 다윗왕의 후손으로, 영원한 왕이신 예수 그리스도가 태어났다.

> 규가 유다를 떠나지 아니하며 통치자의 지팡이가 그 발 사이에서 떠나지 아니하기를 실로가 오시기까지 이르리니 그에게 모든 백성이 복종하리로다(창 49:10).

2) 다윗의 영원한 왕권[3]

하나님은 나단 선지자를 통해 다윗과 언약을 주셨다. 이를 다윗 언약(the Covenant of David)이라고 한다. 다윗에게 영원한 왕권을 주시겠다는 약속이다.

---

2 야곱은 열두 아들에게 유언으로 축복기도를 했다. 유다 자손에게서 왕이 나올 것이다. 일차적으로 다윗왕과 후손들인 남유다의 왕들이다. 그러나 진정한 왕은 유다 자손과 다윗의 후손인 영원한 왕 예수 그리스도이다. 규와 통치자의 지팡이는 왕과 왕의 통치권을 상징한다.
3 하나님은 나단 선지자에게 다윗 언약을 주셨다. 다윗에게 영원한 왕권을 주셨다. 그런데 그 씨는 히브리어로 제라(זרע)로 단수이다. '그 한 사람'(He is the one)을 의미한다. 곧 예수 그리스도이다. 예수님은 다윗의 후손으로 오셨고 그 한 사람으로 영원한 왕이시다.

네 수한이 차서 네 조상들과 함께 누울 때에 내가 네 몸에서 날 네 씨를 네 뒤에 세워 그의 나라를 견고하게 하리라 그는 내 이름을 위하여 집을 건축할 것이요 나는 그의 나라 왕위를 영원히 견고하게 하리라(삼하 7:12-13).

이스라엘 하나님 여호와께서 소금 언약으로 이스라엘 나라를 영원히 다윗과 그의 자손에게 주신 것을 너희가 알 것 아니냐(대하 13:5).

3) 이새의 줄기 곧 다윗의 자손

다윗의 아버지 이새, 그리고 다윗의 자손에게서 예수 그리스도가 태어날 것이다. 그는 메시아다. 성령이 예수님께 임하실 것이다. 신약은 "다윗의 자손"으로 오실 메시아를 기대했고, 예수님이 오셨을 때 그를 "다윗의 자손"인 메시아 곧 그리스도로 고백했다. 이사야 11장 예언은 예수님께서 공생애를 시작할 때, 요단강에서 세례를 받으실 때 성령이 임하심으로 성취되었다(마 3:16-17; 막 1:10; 눅 3:22; 요 1:32).

이새의 줄기에서 한 싹이 나며 그 뿌리에서 한 가지가 나서 결실할 것이요 그의 위에 여호와의 영 곧 지혜와 총명의 영이요 모략과 재능의 영이요 지식과 여호와를 경외하는 영이 강림하시리니(사 11:1-2).

아브라함과 다윗의 자손 예수 그리스도의 계보라(마 1:1).

이 일을 생각할 때에 주의 사자가 현몽하여 이르되 **다윗의 자손 요셉**아 네 아
내 마리아 데려오기를 무서워하지 말라 그에게 잉태된 자는 **성령으로 된 것**이라
(마 1:20).

예수님께서 거기에서 떠나가실새 두 맹인이 따라오며 소리 질러 이르되 **다윗
의 자손**이여 우리를 불쌍히 여기소서 하더니 (마 9:27).

그 때에 귀신 들려 눈 멀고 말 못하는 사람을 데리고 왔거늘 예수님께서 고쳐
주시매 그 말 못하는 사람이 말하며 보게 된지라 무리가 다 놀라 이르되 이는
다윗의 자손이 아니냐 하니 (마 12:22-23).

가나안 여자 하나가 그 지경에서 나와서 소리 질러 이르되 주 **다윗의 자손**이
여 나를 불쌍히 여기소서 내 딸이 흉악하게 귀신 들렸나이다 하되 (마 15:22).

그들이 여리고에서 떠나 갈 때에 큰 무리가 예수를 따르더라 맹인 두 사람이 길 가
에 앉았다가 **예수님께서 지나가신다** 함을 듣고 소리 질러 이르되 주여 우리를 불
쌍히 여기소서 **다윗의 자손**이여 하니 무리가 꾸짖어 잠잠하라 하되 더욱 소리 질
러 이르되 주여 우리를 불쌍히 여기소서 **다윗의 자손**이여 하는지라 (마 20:29-31).

앞에서 가고 뒤에서 따르는 무리가 소리 높여 이르되 **호산나 다윗의 자손**이여 찬
송하리로다 주의 **이름으로 오시는 이**여 가장 높은 곳에서 호산나 하더라 (마 21:9).

너희는 그리스도에 대하여 어떻게 생각하느냐 누구의 자손이냐 대답하되 **다윗의 자손**이니이다 (마 22:42).

다윗의 자손(막 10:47-48; 14:35; 12:37; 눅 1:27; 18:38-39; 20:41; 20:44).

성경에 이르기를 그리스도는 **다윗의 씨로** 또 다윗이 살던 마을 **베들레헴에서 나오리라** 하지 아니하였느냐 하며 (요 7:42).

그의 아들에 관하여 말하면 **육신으로는 다윗의 혈통에서 나셨고**(롬 1:3).

내가 전한 복음대로 **다윗의 씨로** 죽은 자 가운데서 다시 살아나신 **예수 그리스도**를 기억하라 (딤후 2:8).

나 예수는 교회들을 위하여 내 사자를 보내어 이것들을 너희에게 증언하게 하였노라 나는 **다윗의 뿌리요 자손**이니 곧 광명한 새벽 별이라 하시더라 (계 22:16).

4) 메시아/그리스도는 유다 지파의 땅, 유다 지파였던 다윗의 고향 베들레헴에서 태어난다

예수님은 유다의 지파, 다윗의 후손으로 태어나실 것이다. 다윗의 고향은 유다 땅 베들레헴이다. 미가 5장 2절에 다윗의 고향 베들레헴에서 태어날 것을 예언했다. 그래서 예수님은 미가의 예언대로 메시아 곧 그리스도로 베들레헴에서 태어나셨다.

베들레헴 에브라다야 너는 유다 족속 중에 작을지라도 이스라엘을 다스릴 자가 네게서 내게로 나올 것이라 그의 근본은 상고에, 영원에 있느니라(미 5:2).

왕이 모든 대제사장과 백성의 서기관들을 모아 그리스도가 어디서 나겠느냐 물으니 이르되 유대 베들레헴이오니 이는 선지자로 이렇게 기록된 바 또 유대 땅 베들레헴아 너는 유대 고을 중에서 가장 작지 아니하도다 네게서 한 다스리는 자가 나와서 내 백성 이스라엘의 목자가 되리라 하였음이니이다(마 2:4-6).

3. 처녀의 몸에 성령으로 잉태

예수님은 이사야 선지자의 예언대로, 처녀 마리아의 몸에서 태어나셨다. 그러나 성령으로 잉태되었기 때문에 인간의 생육방법으로 태어난 것이 아니다. 예수님은 완전한 하나님인 동시에 완전한 사람으로 이 땅에 태어나셨다.

이사야가 이르되 다윗의 집이여 원하건대 들을지어다 너희가 사람을 괴롭히고서 그것을 작은 일로 여겨 또 나의 하나님을 괴롭히려 하느냐 그러므로 주께서 친히 징조를 너희에게 주실 것이라 보라 처녀가 잉태하여 아들을 낳을 것이요 그의 이름을 임마누엘이라 하리라(사 7:13-14).

예수 그리스도의 나심은 이러하니라 그의 어머니 마리아가 요셉과 약혼하고 동거

하기 전에 **성령으로 잉태된 것이** 나타났더니 그의 남편 요셉은 의로운 사람이라

그를 드러내지 아니하고 가만히 끊고자 하여 이 일을 생각할 때에 주의 사자가 현

몽하여 이르되 **다윗의 자손 요셉아** 네 아내 마리아 데려오기를 무서워하지 말라

그에게 잉태된 자는 성령으로 된 것이라 (마 1:18-20)

4. 사람이자 하나님

이사야 선지자는 '한 아기'가 태어날 것을 예언했다. 그 '한 아기'는
어깨에 정사(government)를 메었다. 이름은 기묘자(Wonderful Counselor),
모사, 전능하신 하나님(Mighty God), 영존하시는(영원하신) 아버지(Ever-
lasting Father), 평강의 왕(Prince of Peace)이라 할 것이다. 그러므로 아기로
태어난 사람은 단순한 인간이 아니다. 전능하신 하나님이며 영원하신
아버지이다. 삼위일체를 보여준다.

이는 한 아기가 우리에게 났고 한 아들을 우리에게 주신 바 되었는데 그의 어

깨에는 정사를 메었고 그의 이름은 **기묘자라, 모사라, 전능하신 하나님이라,**

영존하시는 아버지라, 평강의 왕이라 할 것임이라 그 정사와 평강의 더함이

무궁하며 또 다윗의 왕좌와 그의 나라에 군림하여 그 나라를 굳게 세우고 지

금 이후로 영원히 정의와 공의로 그것을 보존하실 것이라 만군의 여호와의

열심이 이를 이루시리라 (사 9:6-7).

태초[4]에 말씀이 계시니라 이 말씀이 하나님과 함께 계셨으니 이 말씀은 곧 하나님이시니라 그가 태초에 하나님과 함께 계셨고 만물이 그로 말미암아 지은 바 되었으니 지은 것이 하나도 그가 없이는 된 것이 없느니라 … **말씀이 육신이 되어 우리 가운데 거하시매** 우리가 그의 영광을 보니 아버지의 독생자의 영광이요 은혜와 진리가 충만하더라(요 1:1-3, 14).

그는 근본 하나님의 본체시나[5] 하나님과 동등됨을 취할 것으로 여기지 아니하시고 오히려 자기를 비워 **종의 형체를 가지사 사람들과 같이 되셨고 사람의 모양으로 나타나사** 자기를 낮추고 죽기까지 복종하셨으니 곧 십자가에 죽으심이라(빌 2:6-8).

5. 성령이 임하실 것

이사야 선지자는 이새의 가지 곧 다윗의 후손에게서 메시아가 태어날 것을 예언했다. 그에게 성령이 임할 것이다. 성령은 여호와의 영, 지혜와

4　요한복음의 태초는 시간의 시작점이 없는 영원이다. 태초(영원)에 말씀이 계셨다. '계시니라'의 헬라어는 "엔"(ἦν)으로 미완료형이다. 그 의미는 어느 시점부터 존재하는데 지금도 존재하고 있다. 영원부터 지금까지 말씀이 존재하고 있다. 그런데 그 말씀이 하나님과 함께 계셨다. 독립적인 두 존재다. 그런데 말씀은 하나님이다. 말씀은 천지를 창조했다. 놀라운 사실은 말씀이 육신이 되어 우리 가운데 거했다. 말씀은 사람인 예수님으로 이 땅에 오신 것이다. 삼위일체이다. 말씀은 하나님이며 예수님이다.

5　예수님은 근본 하나님과 본체이시다. 곧 하나님이시다. 그러나 하나님과 동등함으로 버리고 사람과 같이 되어 사람의 모양으로 이 땅에 오셨다. 예수님과 하나님은 하나이시다. 삼위일체이시다.

총명의 영, 모략과 재능의 영, 지식과 여호와를 경외하는 영이다. 성령은 하나님의 영이다. 하나님과 성령을 동일한 분으로 설명한다. 삼위일체이시다. 이사야 선지자의 예언대로 요단강에서 세례 요한에게 세례를 받으실 때 하늘에서 비둘기 형체로 성령이 예수님께 임했다.

> 그의 위에 여호와의 영 곧 지혜와 총명의 영이요 모략과 재능의 영이요 지식과 여호와를 경외하는 영이 강림하시리니(사 11:2).

> 예수님께서 세례를 받으시고 곧 물에서 올라오실새 하늘이 열리고 하나님의 성령이 비둘기 같이 내려 자기 위에 임하심을 보시더니(마 3:16).

> 곧 물에서 올라오실새 하늘이 갈라짐과 성령이 비둘기 같이 자기에게 내려오심을 보시더니(막 1:10).

> 성령이 비둘기 같은 형체로 그의 위에 강림하시더니 하늘로부터 소리가 나기를 너는 내 사랑하는 아들이라 내가 너를 기뻐하노라 하시니라(눅 3:22).

> 요한이 또 증언하여 이르되 내가 보매 성령이 비둘기 같이 하늘로부터 내려와서 그의 위에 머물렀더라(요 1:32).

6. 메시아 사역의 예언과 성취

1) 이사야의 예언

메시아 곧 그리스도는 여호와를 경외함으로 즐거움을 삼을 것이다. 그는 보이거나 듣는 대로 잘못된 심판, 판단하지 않고 정직과 공의로 심판하실 것이다. 메시아가 오면 아름다운 평화가 있을 것이며 여호와를 아는 지식이 세상에 충만할 것이다.

> 그가 여호와를 경외함으로 즐거움을 삼을 것이며 그의 눈에 보이는 대로 심판하지 아니하며 그의 귀에 들리는 대로 판단하지 아니하며 공의로 가난한 자를 심판하며 정직으로 세상의 겸손한 자를 판단할 것이며 그의 입의 막대기로 세상을 치며 그의 입술의 기운으로 악인을 죽일 것이며 공의로 그의 허리띠를 삼으며 성실로 그의 몸의 띠를 삼으리라 그때 이리가 어린 양과 함께 살며 표범이 어린 염소와 함께 누우며 송아지와 어린 사자와 살진 짐승이 함께 있어 어린아이에게 끌리며 암소와 곰이 함께 먹으며 그것들의 새끼가 함께 엎드리며 사자가 소처럼 풀을 먹을 것이며 젖 먹는 아이가 독사의 구멍에서 장난하며 젖 뗀 어린아이가 독사의 굴에 손을 넣을 것이라 내 거룩한 산 모든 곳에서 해 됨도 없고 상함도 없을 것이니 이는 물이 바다를 덮음 같이 여호와를 아는 지식이 세상에 충만할 것임이니라 그 날에 이새의 뿌리에서 한 싹이 나서 만민의 기치로 설 것이요 열방이 그에게로 돌아오리니 그가 거한 곳이 영화로우리라 (사 11:3-10).

2) 예수님은 이사야 예언을 자신이 성취했다고 말씀하셨다

이사야는 메시아가 오시면 가난한 자에게 복음을 전하고 포로가 된 자에게 자유를, 눈먼 자에게 다시 보게 할 것이며 눌린 자에게 자유를 주며 은혜의 해를 전파할 것이라고 예언했다. 예수님은 자신이 "그 기름 부은 자" 곧 히브리어로 "메시아"에 대한 예언의 글이 "오늘 너희에게 응했다"라고 말씀하셨다. 예수님은 자라신 나사렛 회당에서 예수님을 냉대했던 사람들에게 자신이 '메시아'라는 사실을 선포하셨다.

> 예수님께서 그 자라나신 곳 나사렛에 이르사 안식일에 늘 하시던 대로 회당에 들어가사 성경을 읽으려고 서시매 선지자 이사야의 글을 드리거늘 책을 펴서 이렇게 기록된 데를 찾으시니 곧 주의 성령이 내게 임하셨으니 이는 **가난한 자에게 복음을 전하게** 하시려고 내게 기름을 부으시고 나를 보내사 포로 된 자에게 자유를, 눈먼 자에게 다시 보게 함을 전파하며 눌린 자를 자유롭게 하고 주의 은혜의 해를 전파하게 하려 하심이라 하였더라 책을 덮어 그 맡은 자에게 주시고 앉으시니 회당에 있는 자들이 다 주목하여 보더라 이에 예수님께서 그들에게 말씀하시되 이 글이 오늘 너희 귀에 응하였느니라 하시니 (눅 4:16-21).

3) 세례 요한이 예수가 메시아인가를 물어볼 때 대답

세례 요한은 죽음을 앞두고 제자들을 예수님께 보내 '오실 그 이' 곧 메시아가 당신이냐고 물어보았다. 예수님은 제자들에게 이사야 선지자의 메시아에 대한 예언의 말씀을 그 답으로 전하셨다. 예수님 자신이 메시아 곧 그리스도이시다.

> 요한이 옥에서 그리스도께서 하신 일을 듣고 제자들을 보내어 예수께 여짜오되 오실 그이가 당신이오니이까 우리가 다른 이를 기다리오리이까 예수님께서 대답하여 이르시되 너희가 가서 듣고 보는 것을 요한에게 알리되 맹인이 보며 못 걷는 사람이 걸으며 나병환자가 깨끗함을 받으며 못 듣는 자가 들으며 죽은 자가 살아나며 가난한 자에게 복음이 전파된다 하라(마 11:2-5).

7. 사역에 대한 구체적인 예언과 성취

1) 처녀가 성령으로 잉태할 것에 대한 예언과 성취

예수님은 "처녀가 잉태하여 아들을 낳을 것이요 그 이름은 임마누엘"(사 7:14)이라는 예언의 성취로 오셨다. 예수님은 처녀 마리아에게 성령으로 잉태되어서 아들로 태어나셨다.

아들을 낳으리니 이름을 예수라 하라 이는 그가 자기 백성을 그들의 죄에서 구원할 자이심이라 하니라 이 모든 일이 된 것은 주께서 선지자로 하신 말씀을 이루려 하심이니 이르시되 보라 처녀가 잉태하여 아들을 낳을 것이요 그의 이름은 임마누엘이라 하리라 하셨으니 이를 번역한즉 하나님이 우리와 함께 계시다 함이라(마 1:21-23).

2) "애굽으로부터 내 아들을 불렀다"에 대한 예언과 성취

주의 사자는 헤롯이 아기를 죽이려 한다는 소식을 요셉에게 전하며 애굽으로 피하라고 했다. 아기 예수가 베들레헴에서 애굽으로 간 이유는 호세아 11장 1절의 예언 때문이다. 비록 헤롯 대왕이 "유대인의 왕으로 나신 이"를 찾는 동방의 박사들의 소식을 듣고 왕권의 위협을 느껴 베들레헴에 있는 두 살 아래로 태어난 아기들을 다 죽이라는 명령을 내렸지만, 하나님 구원의 역사의 측면에서 보면, 하나님은 호세아 선지자의 예언의 성취를 위해서였다.

이스라엘이 어렸을 때에 내가 사랑하여 내 아들을 애굽에서 불러냈거늘(호 11:1).

하나님은 헤롯의 명령에도 예수님을 구원하시고 보호해 주셨다. 헤롯의 명령에 아기 예수가 죽었다면 구원을 이룰 수 없었을 것이다.

그들이 떠난 후에 주의 사자가 요셉에게 현몽하여 이르되 헤롯이 아기를 찾아 죽이려 하니 일어나 아기와 그의 어머니를 데리고 애굽으로 피하여 내가 네게 이르

기까지 거기 있으라 하시니 요셉이 일어나서 밤에 아기와 그의 어머니를 데리고

애굽으로 떠나가 헤롯이 죽기까지 거기 있었으니 이는 주께서 선지자를 통하여 말

씀하신 바 애굽으로부터 내 아들을 불렀다 함을 이루려 하심이라(마 2:13-15).

3) "나사렛 사람"이라 칭하는 것에 대한 예언과 성취

예수님이 나사렛에서 사신 이유는 선지자가 예언한 '나사렛 사람이

라 칭하리라'라는 말씀을 성취하기 위해서였다.

나사렛이란 동네에 가서 사니 이는 선지자로 하신 말씀에 나사렛 사람이라

칭하리라 하심을 이루려 함이러라(마 2:23).

4) 이방의 갈릴리에 대한 예언과 성취

예수님은 '이방의 갈릴리'라고 취급받았던 갈릴리에서 구원 사역을
시작하셨다. 갈릴리는 앗수르, 바벨론, 아람, 로마 등 많은 이방 민족의
침입과 통치로 여호와 하나님의 신앙보다 이방 문화와 종교가 혼합되
었다. 고고학 발굴을 통해 텔 하솔(Tel Hazo), 벳세다(Tel Bethsaida) 등 많
은 지역에서 이방의 신들이 발굴되었다.

또한, 탕자의 비유와 거라사 군대 귀신 들린 자의 기사에서 나타나듯
이 돼지를 키웠다. 율법에는 돼지는 부정한 동물이었기 때문에 유대인

들은 먹지 않았지만, 이방의 문화와 신들이 가득했던 갈릴리 지역에서
는 돼지고기를 먹었다. 그래서 유대인들은 오래도록 갈릴리 지방을 '이
방의 갈릴리'로 불렸으며 흑암으로 표현되었다.

그러나 예수님이 갈릴리에서 구원 사역을 시작하므로 흑암에 앉아 있
고 사망의 땅과 그늘에 앉아 있는 죽은 영혼들이 생명의 빛이신 예수님
이 그들에게 비추셨다. 예수님은 이사야 선지자의 이사야 9장 1절에서
2절의 예언을 성취하셨다.

> 예수님께서 요한이 잡혔음을 들으시고 갈릴리로 물러가셨다가 나사렛을 떠나 스
> 불론과 납달리 지경 해변에 있는 가버나움에 가서 사시니 이는 선지자 이사야를
> 통하여 하신 말씀을 이루려 하심이라 일렀으되 스불론 땅과 납달리 땅과 요단 강
> 저편 해변 길과 이방의 갈릴리여 흑암에 앉은 백성이 큰 빛을 보았고 사망의 땅과
> 그늘에 앉은 자들에게 빛이 비치었도다 하였느니라(마 4:12-16).

5) 우리의 연약한 것을 친히 담당하시고 병을 짊어지실 것에 대한 예언과 성취

예수님의 치료 하심은 "그는 실로 우리의 질고를 지고 우리의 슬픔을
당하였거늘 우리는 생각하기를 그는 징벌을 받아 하나님께 맞으며 고
난을 당한다 하였노라"(사 53:4)의 성취였다.

저물매 사람들이 귀신 들린 자를 많이 데리고 예수께 오거늘 예수님께서 말씀으로 귀신들을 쫓아 내시고 병든 자들을 다 고치시니 이는 선지자 이사야를 통하여 하신 말씀에 우리의 연약한 것을 친히 담당하시고 병을 짊어지셨도다 함을 이루려 하심이더라(마 8:16-17).

6) 병을 고치고 이방인들이 예수님의 이름을 바라리라는 것에 대한 예언과 성취(사 42:1-4의 성취)

예수님께서 아시고 거기를 떠나가시니 많은 사람이 따르는지라 예수님께서 그들의 병을 다 고치시고 자기를 나타내지 말라 경고하셨으니 이는 선지자 이사야를 통하여 말씀하신 바 보라 내가 택한 종 곧 내 마음에 기뻐하는 바 내가 사랑하는 자로다 내가 내 영을 그에게 줄 터이니 그가 심판을 이방에 알게 하리라 그는 다투지도 아니하며 들레지도 아니하리니 아무도 길에서 그 소리를 듣지 못하리라 상한 갈대를 꺾지 아니하며 꺼져가는 심지를 끄지 아니하기를 심판하여 이길 때까지 하리니 또한, 이방들이 그의 이름을 바라리라 함을 이루려 하심이니라(마 12:15-21).

7) 비유로 말씀하실 것에 대한 예언과 성취

예수님은 "내가 입을 열어 비유로 말하며 예로부터 감추어졌던 것을 드러내려 하니"(시 78:2)의 말씀을 성취하셨다.

> 예수님께서 이 모든 것을 무리에게 비유로 말씀하시고 비유가 아니면 아무것도 말씀하지 아니하셨으니 이는 선지자를 통하여 말씀하신 바 내가 입을 열어 비유로 말하고 창세부터 감추인 것들을 드러내리라 함을 이루려 하심이라(마 13:34-35).

8) 새끼 나귀를 타실 것에 대한 예언과 성취

예수님은 이사야 선지자의 "여호와께서 땅끝까지 선포하시되 너희는 딸 시온에게 이르라 보라 네 구원이 이르렀느니라 보라 상급이 그에게 있고 보응이 그 앞에 있느니라 하셨느니라"(사 62:11)와 스가랴 선지자의 "시온의 딸아 크게 기뻐할지어다 예루살렘의 딸아 즐거이 부를지어다 보라 네 왕이 네게 임하시나니 그는 공의로우시며 구원을 베푸시며 겸손하여서 나귀를 타시나니 나귀의 작은 것 곧 나귀 새끼니라"(슥 9:9)의 말씀을 성취하셨다.

> 그들이 예루살렘에 가까이 가서 감람 산 벳바게에 이르렀을 때에 예수님께서 두 제자를 보내시며 이르시되 너희는 맞은편 마을로 가라 그리하면 곧 매인 나귀와 나귀 새끼가 함께 있는 것을 보니 풀어 내게로 끌고 오라 만일 누가 무슨 말을 하거든

주가 쓰시겠다 하라 그리하면 즉시 보내리라 하시니 이는 선지자를 통하여 하신 말
씀을 이루려 하심이라 일렀으되 시온 딸에게 이르기를 네 왕이 네게 임하나니 그는
겸손하여 나귀, 곧 멍에 메는 짐승의 새끼를 탔도다 하라 하였느니라(마 21:1-5).

9) 예수님이 기적을 행해도 믿지 않을 것에 대한 예언과 성취

예수님은 이사야 선지자의 "우리가 전한 것을 누가 믿었느냐 여호와
의 팔이 누구에게 나타났느냐"(사 53:1)와 "이 백성의 마음을 둔하게 하
며 그들의 귀가 막히고 그들의 눈이 감기게 하라 염려하건대 그들이 눈
으로 보고 귀로 듣고 마음으로 깨닫고 다시 돌아와 고침을 받을까 하노
라 하시기로"(사 6:10)의 예언을 성취하셨다.

너희에게 아직 빛이 있을 동안에 빛을 믿으라 그리하면 빛의 아들이 되리라
예수님께서 이 말씀을 하시고 그들을 떠나가서 숨으시니라 이렇게 많은 표적
을 그들 앞에서 행하셨으나 그를 믿지 아니하니 이는 선지자 이사야의 말씀
을 이루려 하심이라 이르되 주여 우리에게서 들은 바를 누가 믿었으며 주의
팔이 누구에게 나타났나이까 하였더라 그들이 능히 믿지 못한 것은 이 때문
이니 곧 이사야가 다시 일렀으되 그들의 눈을 멀게 하시고 그들의 마음을 완
고하게 하셨으니 이는 그들로 하여금 눈으로 보고 마음으로 깨닫고 돌이켜
내게 고침을 받지 못하게 하려 함이라 하였음이더라(요 12:36-40).

10) 이유 없이 예수님을 미워하는 것에 대한 예언과 성취

예수님은 시편 "부당하게 나의 원수 된 자가 나로 말미암아 기뻐하지 못하게 하시며 까닭 없이 나를 미워하는 자들이 서로 눈짓하지 못하게 하소서"(시 35:19)와 "까닭 없이 나를 미워하는 자가 나의 머리털보다 많고 부당하게 나의 원수가 되어 나를 끊으려 하는 자가 강하였으니 내가 빼앗지 아니한 것도 물어 주게 되었나이다"(시 69:4)의 예언을 성취하셨다.

> 그러나 이는 그들의 율법에 기록된바 그들이 이유 없이 나를 미워하였다 한 말을 응하게 하려 함이라(요 15:25).

11) 내게 주신 자 중에 하나도 잃어버리지 않을 것에 대한 예언과 성취

> 예수님께서 대답하시되 너희에게 내가 그니라 하였으니 나를 찾거든 이 사람들이 가는 것은 용납하라 하시니 이는 아버지께서 내게 주신 자 중에서 하나도 잃지 아니하였사옵나이다 하신 말씀을 응하게 하려 함이러라(요 18:8-9).

12) 예수님이 어떠한 죽음으로 죽을 것에 대한 예언과 성취

예수님은 신명기 "그 시체를 나무 위에 밤새도록 두지 말고 그 날에
장사하여 네 하나님 여호와께서 네게 기업으로 주시는 땅을 더럽히지
말라 나무에 달린 자는 하나님께 저주를 받았음이니라"(신 21:23)의 예
언을 성취하셨다. 예수님은 "어떠한 죽음으로 죽을 것"을 아셨다. 율법
의 죄를 담당하기 위해 나무에 달려 죽는 죽음이었다.

> 빌라도가 이르되 너희가 그를 데려다가 너희 법대로 재판하라 유대인들이 이르되
> 우리에게는 사람을 죽이는 권한이 없나이다 하니 이는 예수님께서 자기가 어떠한
> 죽음으로 죽을 것을 가리켜 하신 말씀을 응하게 하려 함이러라(요 18:31-32).

13) 예수님의 옷을 제비뽑을 것에 대한 예언과 성취

예수님은 시편 "내 겉옷을 나누며 속옷을 제비 뽑나이다"(시 22:18)의
예언을 성취하셨다.

> 군인들이 예수를 십자가에 못 박고 그의 옷을 취하여 네 깃에 나눠 각각 한
> 깃씩 얻고 속옷도 취하니 이 속옷은 호지 아니하고 위에서부터 통으로 짠 것
> 이라 군인들이 서로 말하되 이것을 찢지 말고 누가 얻나 제비 뽑자 하니 이는
> 성경에 그들이 내 옷을 나누고 내 옷을 제비 뽑나이다 한 것을 응하게 하려
> 함이러라 군인들은 이런 일을 하고(요 19:23-24).

14) 예수님의 '내가 목마르다'에 대한 예언과 성취

예수님은 시편 "그들이 쓸개를 나의 음식물로 주며 목마를 때에는 초를 마시게 하였사오니"(시 69:21)의 예언을 성취하셨다.

> "그 후에 예수님께서 모든 일이 이미 이루어진 줄 아시고 성경을 응하게 하려 하사 이르시되 내가 목마르다 하시니"(요 19:28).

15) 예수님의 뼈를 꺾지 않을 것과 '찌른 자를 보리라'에 대한 예언과 성취

유월절 양은 뼈를 꺾지 않았다. "한 집에서 먹되 그 고기를 조금도 집 밖으로 내지 말고 뼈도 꺾지 말지며"(출 12:46), "아침까지 그것을 조금도 남겨두지 말며 그 뼈를 하나도 꺾지 말아서 유월절 모든 율례대로 지킬 것이니라"(민 9:12), 시편은 "그의 모든 뼈를 보호하심이여 그 중에서 하나도 꺾이지 아니하도다"(시 34:20)라고 말씀하셨다. 예수님은 십자가에서 유월절 양으로 죽으셨고 그 뼈가 꺾이지 않으셨다.

그리고 "그 찌른 자들이 보리라"는 스가랴 선지자의 "내가 다윗의 집과 예루살렘 주민에게 은총과 간구하는 심령을 부어 주리니 그들이 그 찌른 바 그를 바라보고 그를 위하여 애통하기를 독자를 위하여 애통하듯 하며 그를 위하여 통곡하기를 장자를 위하여 통곡하듯 하리로다"(슥 12:10)의 예언의 성취였다.

이날은 준비일이라 유대인들은 그 안식일이 큰 날이므로 그 안식일에 시체들을 십자가에 두지 아니하려 하여 빌라도에게 그들의 다리를 꺾어 시체를 치워 달라 하니 군인들이 가서 예수와 함께 못 박힌 첫째 사람과 또 **그 다른 사람의 다리를 꺾고** 예수께 이르러서는 이미 죽으신 것을 보고 다리를 꺾지 아니하고 그 중 한 군인이 창으로 옆구리를 찌르니 곧 피와 물이 나오더라 이를 본 자가 증언하였으니 그 증언이 참이라 그가 자기의 말하는 것이 참인 줄 알고 너희로 믿게 하려 함이니라 이 일이 일어난 것은 **그 뼈가 하나도 꺾이지 아니하리라 한 성경을 응하게 하려 함**이라 또 다른 성경에 그들이 그 찌른 자를 보리라 하였느니라 또 **다른 성경에** 그들이 그 찌른 자를 보리라 하였느니라 (요 19:31-36).

제7장

예수님의 피

피는 생명이다. 죄로 사람은 죽게 되었다. 하나님은 사람의 생명 대신에 동물 제사를 받으셨다. 소, 양, 염소가 죽어 피를 흘림으로써 사람의 피를 대신한 것이다. 그러나 동물 제사는 죄를 지을 때마다 하나님께 드려야 했다. 하나님은 영원한 용서, 구원을 위해 예수님의 피를 제사로 받으셨다. 예수님의 십자가 피는 사람이 죽어야 할 죄를 대신해서 흘리신 피이다. 예수님은 속죄 제물이 되셔서 영원히 단번에 드려지는 속죄 제사를 드리셨다. 예수님의 피는 죄인의 죄를 단번에, 영원히 씻고 용서하시는 언약의 피이다.

1. 피는 생명이다

내가 반드시 너희의 피 곧 너희의 생명의 피를 찾으리니 짐승이면 그 짐승에게서, 사람이나 사람의 형제면 그에게서 그의 생명을 찾으리라(창 9:5).

2. 율법에 따라 피는 죄를 용서한다

피는 생명이다. 하나님은 율법으로 동물 제사를 주셨다. 소와 양, 염소의 피가 인간의 피를 대신한 것이다. 죄의 값은 사망이다. 아담의 범죄로 인해 모든 사람은 죽을 수밖에 없다. 하나님은 은혜로 택하신 자들을 구원하셨다. 하나님은 죄로 죽어야 할 사람 대신 동물의 죽음, 그 피를 대신 받으셨다.

> 모세가 율법대로 모든 계명을 온 백성에게 말한 후에 송아지와 염소의 피 및 물과 붉은 양털과 우슬초를 취하여 그 두루마리와 온 백성에게 뿌리며 이르되 이는 하나님이 너희에게 명하신 언약의 피라 하고 또한, 이와 같이 피를 장막과 섬기는 일에 쓰는 모든 그릇에 뿌렸느니라 율법을 따라 거의 모든 물건이 피로써 정결하게 되나니 피흘림이 없은즉 사함이 없느니라(히 9:19-22).

3. 예수님의 피가 죄를 용서한다

구약의 동물 제사는 불완전하다. 죄를 지을 때마다 하나님께 드려야 했다. 그러나 하나님의 아들 예수님은 완전하시다. 예수님은 죄 없으시기 때문에 자신의 죄 때문에 십자가에서 피 흘려 죽으신 것이 아니다. 온 인류의 죄를 대신하여 죽으셨다. 예수님 십자가의 피는 완전한 죄 용서이다.

염소와 황소의 피와 및 암송아지의 재를 부정한 자에게 뿌려 그 육체를 정결하게

하여 거룩하게 하거든 하물며 영원하신 성령으로 말미암아 흠 없는 자기를 하나

님께 드린 그리스도의 피가 어찌 너희 양심을 죽은 행실에서 깨끗하게 하고 살아

계신 하나님을 섬기게 하지 못하겠느냐 이로 말미암아 그는 새 언약의 중보자시

니 이는 첫 언약 때에 범한 죄에서 속량하려고 죽으사 부르심을 입은 자로 하여금

영원한 기업의 약속을 얻게 하려 하심이라(히 9:13-15).

한번 죽는 것은 사람에게 정해진 것이요 그 후에는 심판이 있으리니 이와 같

이 그리스도도 많은 사람의 죄를 담당하시려고 단번에 드리신 바 되셨고 구

원에 이르게 하기 위하여 죄와 상관없이 자기를 바라는 자들에게 두 번째 나

타나시리라(히 9:27-29).

그때 너희는 그리스도 밖에 있었고 이스라엘 나라 밖의 사람이라 약속의 언

약들에 대하여는 외인이요 세상에서 소망이 없고 하나님도 없는 자이더니 이

제는 전에 멀리 있던 너희가 그리스도 예수 안에서 그리스도의 피로 가까워

졌느니라(엡 2:12-13).

4. 최후의 만찬 잔과 떡은 십자가에서 죽으시며 예수님의 흘리실 피와 몸이다

잔은 죄 사함을 얻게 하려고 많은 사람을 위해 흘리는 예수님의 피 곧 언약의 피이다. 예수님은 새 언약을 세우셨다.

> 그들이 먹을 때에 예수님께서 **떡**을 가지사 축복하시고 떼어 제자들에게 주시며 이르시되 **받아서 먹으라 이것은 내 몸이니라** 하시고 또 잔을 가지사 감사 기도 하시고 그들에게 주시며 이르시되 너희가 다 이것을 마시라 이것은 죄 사함을 얻게 하려고 많은 사람을 위하여 흘리는 바 나의 피 곧 언약의 피니라 (마 26:26-28).

> 그들이 먹을 때에 예수님께서 **떡**을 가지사 축복하시고 떼어 제자들에게 주시며 이르시되 **받으라 이것은 내 몸이니라** 하시고 또 잔을 가지사 감사 기도하시고 그들에게 주시니 다 이를 마시매 이르시되 **이것은 많은 사람을 위하여 흘리는 나의 피 곧 언약의 피니라** (막 14:22-24).

> "또 **떡**을 가져 감사 기도 하시고 떼어 그들에게 주시며 이르시되 이것은 **너희를 위하여 주는 내 몸이라** 너희가 이를 행하여 나를 기념하라 하시고 저녁 먹은 후에 잔도 그와 같이 하여 이르시되 이 잔은 **내 피로 세우는 새 언약이니** 곧 너희를 위하여 붓는 것이라" (눅 22:19-20).

5. 성만찬의 잔과 떡은 십자가에서 많은 사람의 죄 사함을 위하여 흘리신 예수님의 피와 찢기신 몸을 의미한다

그래서 영원히 기념해야 한다. 잔과 떡을 먹고 마실 때 죄를 먹고 마시지 않기 위해서 자기를 살피고 몸을 분별해야 한다.

> 내가 너희에게 전한 것은 주께 받은 것이니 곧 주 예수님께서 잡히시던 밤에 떡을 가지사 축사하시고 떼어 이르시되 이것은 너희를 위하는 내 몸이니 이것을 행하여 나를 기념하라 하시고 식후에 또한, 그와 같이 잔을 가지시고 이르시되 이 잔은 내 피로 세운 새 언약이니 이것을 행하여 마실 때마다 나를 기념하라 하셨으니 너희가 이 떡을 먹으며 이 잔을 마실 때마다 주의 죽으심을 그가 오실 때까지 전하는 것이니라 그러므로 누구든지 주의 떡이나 잔을 합당하지 않게 먹고 마시는 자는 주의 몸과 피에 대하여 죄를 짓는 것이니라 사람이 자기를 살피고 그 후에야 이 떡을 먹고 이 잔을 마실지니 주의 몸을 분별하지 못하고 먹고 마시는 자는 자기의 죄를 먹고 마시는 것이니라 (고전 11:23-29).

제8장

예수님을 나타내는 다양한 표현들

예수 그리스도의 계보(마 1:1)

예수 그리스도의 복음(막 1:1; 롬 15:19)

그리스도의 부활(행 2:21)

나사렛/예수 그리스도의 이름(행 2:38; 3:6; 4:10)

예수 그리스도의 종(롬 1:1; 고전 7:22)

예수 그리스도의 것으로 부르심(롬 1:6)

예수 그리스도의 은혜(롬 5:15)

그리스도의 몸(롬 7:4; 고전 12:27)

그리스도의 사람(롬 8:9)

그리스도의 사랑(롬 8:35)

그리스도의 말씀(롬 10:17)

그리스도의 아버지(롬 15:6)

그리스도의 충만한 복(롬 15:29)

그리스도의 모든 교회(롬 16:16)

그리스도 예수 안에서(고전 1:2)

그리스도의 증거(고전 1:6)

주 예수 그리스도의 나타나심(고전 1:7)

주 예수 그리스도의 날(고전 1:8)

그리스도의 십자가(고전 2:16)

그리스도의 마음(고전 2:16)

그리스도의 (실신할) 일꾼(고전 4:1; 골 1:7)

그리스도의 지체(고전 6:15)

그리스도의 율법(고전 9:21)

그리스도의 (보배로운) 피(고전 10:15; 벧전 1:19)

그리스도의 머리(고전 11:3)

주 예수 그리스도의 은혜(고전 16:23)

그리스도의 하나님(고후 1:3)

그리스도의 (남은) 고난(고후 1:5; 골 1:24)

그리스도의 향기(고후 2:15)

그리스도의 편지(고후 3:3)

그리스도의 영광(고후 4:4)

그리스도의 얼굴(고후 4:6)

그리스도의 심판대(고후 5:10)

그리스도의 온유와 관용(고후 10:1)

그리스도의 진리(고후 11:10)

그리스도의 사도(고후 11:13; 살전 2:7)

그리스도의 형상(갈 4:19)

그리스도의 법(갈 5:2)

그리스도의 비밀(엡 3:4)

그리스도의 선물(엡 4:7)

그리스도의 장성한 분량(엡 4:13)

그리스도의 심장(빌 1:8)

그리스도의 날(빌 1:10)

그리스도의 영, 성령(롬 8:9; 빌 1:19)

그리스도의 일(빌 2:30)

그리스도의 아버지(골 1:3)

그리스도의 할례(골 2:11)

그리스도의 평강(골 3:15)

그리스도의 말씀(골 3:16)

주 예수 그리스도의 강림(살후 2:1)

그리스도의 도(히 6:1)

그리스도의 영(벧전 1:11)

그리스도의 의(벧후 1:1)

그리스도의 영원한 나라(벧후 1:11)

그리스도의 교훈(요이 1:9)

그리스도의 긍휼(유 1:21)

그리스도의 계시(계 1:1)

그리스도의 증거(계 1:2)

그리스도의 나라(계 11:15)

제9장

예수님과 안식일

안식일은 히브리어로 샤밧(שבת)이다. 하나님은 육 일 동안 창조하시고 일곱째 날에는 안식하시며 "일곱째 날을 복되게 하사 거룩하게"(창 2:2-3) 하셨다. 안식일은 복되고 거룩한 날이다(출 20:8; 31:13). 하나님께서 안식하시며 사람에게 쉼을 주신 "안식일"이다. 안식일은 "여호와의 안식일"(출 16:25; 출 20:10; 레 23:11, 38 등)로 소개된다. 안식일은 창조의 시간을 따라 저녁부터 다음 날 저녁까지이다(창 1:5, 8, 13, 19, 23, 31; 느 13:19).

하나님은 출애굽하여 시내산에서 율법을 주실 때 십계명에서 안식일을 제정하셨다.

안식일을 기억하여 거룩하게 지키라 엿새 동안은 힘써 네 모든 일을 행할 것이나 일곱째 날은 네 **하나님 여호와의 안식일**인즉 너나 네 아들이나 네 딸이나 네 남종이나 네 여종이나 네 가축이나 네 문안에 머무는 객이라도 아무 일도 하지 말라 이는 엿새 동안에 나 여호와가 하늘과 땅과 바다와 그 가운데 모든 것을 만들고 일곱째 날에 쉬었음이라 그러므로 나 여호와가 **안식일을** 복되게 하여 그날을 거룩하게 하였느니라(출 20:8-11).

안식일은 어떠한 일(노동)을 하면 안 되고 쉬는 날이다. 하나님은 광야에서 만나를 주실 때도 안식일에는 내려 주지 않으셨다. 그러나 안식일 전날 두 배를 거두어 안식일에 먹도록 하셨다. 모세는 "여호와가 너희에게 안식일을 줌으로 여섯째 날에는 이틀 양식을 너희에게 주는 것이니 너희는 각기 처소에 있고 일곱째 날에는 아무도 그의 처소에서 나오지 말지니라"(출 16:29)고 말했다.

하나님은 "안식일에 네 발을 금하여 내 성일에 오락을 행하지 아니하고 안식일을 일컬어 즐거운 날이라, 여호와의 성일을 존귀한 날이라 하여 이를 존귀하게 여기고 네 길로 행하지 아니하며 네 오락을 구하지 아니하며 사사로운 말을 하지 아니하면 네가 여호와 안에서 즐거움을 얻을 것이라 내가 너를 땅의 높은 곳에 올리고 네 조상 야곱의 기업으로 기르리라"(사 58:13-14)고 말씀하셨다.

안식일에는 "떡을 여호와 앞에 항상 진설"해야 하며 영원한 언약이다(레 24:8). "성회의 날"이며 거주하는 각처에서 지킬 여호와의 안식일을 지켜야 한다(레 23:3). 안식일에 성전에서 하나님께 제사가 드려졌다.

안식일에는 일 년 되고 흠 없는 숫양 두 마리와 고운 가루 십분의 이에 기름 섞은 소제와 그 전제를 드릴 것이니 이는 상번제와 그 전제 외에 매 안식일의 번제니라(민 28:9-10).

1. 예수님은 안식일의 주인이시다[1]

인자는 안식일의 주인이니라 하시니라 … 이러므로 인자는 안식일에도 주인이니라 … 또 이르시되 인자는 안식일의 주인이니라 하시더라(마 12:8; 막 2:28; 눅 6:5).

2. 안식일에 일어난 일들

1) 예수님은 안식일에 밀 이삭을 잘라 먹은 제자들 용서하셨다

그때 예수님께서 안식일에 밀밭 사이로 가실새 제자들이 시장하여 이삭을 잘라 먹으니 바리새인들이 보고 예수께 말하되 보시오 당신의 제자들이 안식일에 하지 못할 일을 하나이다 예수님께서 이르시되 다윗이 자기와 그 함께 한 자들이 시장할 때에 한 일을 읽지 못하였느냐 그가 하나님의 전에 들어가서 제사장 외에는 자기나 그 함께 한 자들이 먹어서는 안 되는 진설병을 먹지 아니하였느냐 또 안식일에 제사장들이 성전 안에서 안식을 범하여도 죄가 없음을 너희가 율법에서 읽지 못하였느냐 내가 너희에게 이르노니 성전보다 더 큰 이가 여기 있느니라(마 12:1-6).

---

[1]　예수님은 창조주 하나님이시다. 그래서 안식일을 주신 주인이시다.

2) 예수님은 안식일 회당에서 한쪽 손 마른 사람을 고쳐주셨다(안식일에 구덩이에 빠진 양 한 마리 비유)

거기에서 떠나 그들의 회당에 들어가시니 한쪽 손 마른 사람이 있는지라 사람들이 예수를 고발하려 하여 물어 이르되 안식일에 병 고치는 것이 옳으니이까 예수님께서 이르시되 너희 중에 어떤 사람이 양 한 마리가 있어 안식일에 구덩이에 빠졌으면 끌어내지 않겠느냐 사람이 양보다 얼마나 더 귀하냐 그러므로 안식일에 선을 행하는 것이 옳으니라 하시고 이에 그 사람에게 이르시되 손을 내밀라 하시니 그가 내밀매 다른 손과 같이 회복되어 성하더라 (마 12:9-13).

3) 예수님은 안식일 회당에서 18년 동안 귀신 들려 고통당하는 여인에게 귀신을 쫓아내 고쳐주셨다

예수님께서 안식일에 한 회당에서 가르치실 때에 열여덟 해 동안이나 귀신 들려 앓으며 꼬부라져 조금도 펴지 못하는 한 여자가 있더라 예수님께서 보시고 불러 이르시되 여자여 네가 네 병에서 놓였다 하시고 안수하시니 여자가 곧 펴고 하나님께 영광을 돌리는지라 (눅 13:10-13).

4) 예수님은 안식일 회당에서 18년 동안 귀신 들린 여인을 고치실 때 회당장이 분을 낼 때 예수님께서 예를 들어 가르치셨다

회당장이 예수님께서 안식일에 병 고치시는 것을 분 내어 무리에게 이르되 일할 날이 엿새가 있으니 그 동안에 와서 고침을 받을 것이요 안식일에는 하지 말 것이니라 하거늘 주께서 대답하여 이르시되 외식하는 자들아 너희가 각각 안식일에 자기의 소나 나귀를 외양간에서 풀어내어 이끌고 가서 물을 먹이지 아니하느냐 그러면 열여덟 해 동안 사탄에게 매인 바 된 이 아브라함의 딸을 안식일에 이 매임에서 푸는 것이 합당하지 아니하냐(눅 13:14-16).

5) 예수님은 안식일에 베데스다 연못에 있던 삼십팔 년 된 병자를 고쳐주셨다

예루살렘에 있는 양문 곁에 히브리 말로 베데스다라 하는 못이 있는데 거기 행각 다섯이 있고 그 안에 많은 병자, 맹인, 다리 저는 사람, 혈기 마른 사람들이 누워 (물의 움직임을 기다리니 이는 천사가 가끔 못에 내려와 물을 움직이게 하는데 움직인 후에 먼저 들어가는 자는 어떤 병에 걸렸든지 낫게 됨이러라) 거기 서른여덟 해 된 병자가 있더라 예수님께서 그 누운 것을 보시고 병이 벌써 오래된 줄 아시고 이르시되 네가 낫고자 하느냐 병자가 대답하되 주여 물이 움직일 때에 나를 못에 넣어 주는 사람이 없어 내가 가는 동안에 다른 사람이 먼저 내려가나이다 예수님께서 이르시되 일어나 네 자리를 들고 걸어가라 하시니 그 사람이 곧 나아서 자리를 들고 걸어가니라 이 날은 안식일이니 유대인들이 병 나은 사람에게 이르되 안식일인데 네가 자리를 들고 가는 것이 옳지 아니하니라 대답하되 나를 낫게 한 그가 자리를 들고 걸어가라 하더라 … 그러므로 안식일에 이러한 일을 행하신다 하여 유대인들이 예수를 박해하게 된지라 (요 5:2-12, 16).

6) 예수님은 안식일에 맹인을 실로암에 가서 씻게 하여 보게 하셨다

예수님께서 길을 가실 때에 날 때부터 맹인 된 사람을 보신지라 제자들이 물어 이르되 랍비여 이 사람이 맹인으로 난 것이 누구의 죄로 인함이니이까 자기니이까 그의 부모니이까 예수님께서 대답하시되 이 사람이나 그 부모의 죄로 인한 것이 아니라 그에게서 하나님이 하시는 일을 나타내고자 하심이라 때가 아직 낮이매 나를 보내신 이의 일을 우리가 하여야 하리라 밤이 오리니 그 때는 아무도 일할 수 없느니라 내가 세상에 있는 동안에는 세상의 빛이로라 이 말씀을 하시고 땅에 침을 뱉어 진흙을 이겨 그의 눈에 바르시고 이르시되 실로암 못에 가서 씻으라 하시니 실로암은 번역하면 보냄을 받았다는 뜻이라 이에 가서 씻고 밝은 눈으로 왔더라 … 예수님께서 진흙을 이겨 눈을 뜨게 하신 날은 안식일이라 (요 9:1-7, 14).

7) 예수님은 안식일에 병 고치시는 것이 합당한가에 대해 율법 교사와 바리새인들에게 비유로 가르치셨다

안식일에 예수님께서 한 바리새인 지도자의 집에 떡 잡수시러 들어가시니 그들이 엿보고 있더라 주의 앞에 수종병 든 한 사람이 있는지라 예수님께서 대답하여 율법교사들과 바리새인들에게 이르시되 **안식일에 병 고쳐 주는 것이 합당하냐 아니하냐** 그들이 잠잠하거늘 예수님께서 그 사람을 데려다가 **고쳐 보내시고** 또 그들에게 이르시되 너희 중에 누가 **그 아들이나 소가 우물에 빠졌으면 안식일에라도 곧 끌어내지 않겠느냐** 하시니 그들이 이에 대하여 대답하지 못하니라(눅 14:1-6).

8) 예수님은 안식일에 회당에서 가르치셨다

그들이 가버나움에 들어가니라 예수님께서 곧 **안식일에 회당에 들어가 가르치시매** 뭇 사람이 그의 교훈에 놀라니 이는 그가 가르치는 것이 **권위 있는 자와 같고** 서기관들과 같지 아니함일러라(막 1:21-22).

안식일이 되어 회당에서 가르치시니 많은 사람이 듣고 놀라 이르되 이 사람이 어디서 이런 것을 얻었느냐 이 사람이 받은 지혜와 그 손으로 이루어지는 이런 권능이 어찌됨이냐 이 사람이 마리아의 아들 목수가 아니냐 야고보와 요셉과 유다와 시몬의 형제가 아니냐 그 누이들이 우리와 함께 여기 있지 아니하냐 하고 예수를 배척한지라(막 6:1-3).

9) 예수님은 안식일에 회당에서 귀신을 쫓아내셨다

마침 그들의 회당에 더러운 귀신 들린 사람이 있어 소리 질러 이르되 나사렛 예수여 우리가 당신과 무슨 상관이 있나이까 우리를 멸하러 왔나이까 나는 당신이 누구인 줄 아노니 하나님의 거룩한 자니이다 예수님께서 꾸짖어 이르시되 잠잠하고 그 사람에게서 나오라 하시니 더러운 귀신이 그 사람에게 경련을 일으키고 큰 소리를 지르며 나오는지라 다 놀라 서로 물어 이르되 이는 어찜이냐 권위 있는 새 교훈이로다 더러운 귀신들에게 명한즉 순종하는도다 하더라(막 1:23-27).

10) 예수님은 모세가 안식일에 할례를 행한 것을 비유로 안식일에 사람이 온전해진 것에 대해 말씀하셨다

예수님께서 대답하여 이르시되 내가 한 가지 일을 행하매 너희가 다 이로 말미암아 이상히 여기는도다 모세가 너희에게 할례를 행했으니 그러나 할례는 모세에게서 난 것이 아니요 조상들에게서 난 것이라 그러므로 너희가 안식일에도 사람에게 할례를 행하느니라 모세의 율법을 범하지 아니하려고 사람이 안식일에도 할례를 받는 일이 있거든 내가 안식일에 사람의 전신을 건전하게 한 것으로 너희가 내게 노여워하느냐(요 7:21-23).

11) 예수님은 마지막 날이 안식일이 되지 않도록 기도하라고 말씀하셨다

너희가 도망하는 일이 겨울에나 안식일에 되지 않도록 기도하라 (마 24:20).

12) 예수님은 안식일 준비일에 십자가에서 죽으셨다

예수님께서 신 포도주를 받으신 후에 이르시되 다 이루었다 하시고 머리를 숙이니 영혼이 떠나가시니라 이 날은 준비일이라 유대인들은 그 안식일이 큰 날이므로 그 안식일에 시체들을 십자가에 두지 아니하려 하여 빌라도에게 그들의 다리를 꺾어 시체를 치워 달라 하니 군인들이 가서 예수와 함께 못 박힌 첫째 사람과 또 그 다른 사람의 다리를 꺾고 예수께 이르러서는 이미 죽으신 것을 보고 다리를 꺾지 아니하고 그중 한 군인이 창으로 옆구리를 찌르니 곧 피와 물이 나오더라 (요 19:30-34).

13) 예수님은 안식 후 첫날 새벽에 부활하셨다

안식일이 다 지나고 안식 후 첫날이 되려는 새벽에 막달라 마리아와 다른 마리아가 무덤을 보려고 갔더니 큰 지진이 나며 주의 천사가 하늘로부터 내려와 돌을 굴려 내고 그 위에 앉았는데 그 형상이 번개 같고 그 옷은 눈 같이 희거늘 지키던 자들이 그를 무서워하여 떨며 죽은 사람과 같이 되었더라 천사가 여자들에게 말하여 이르되 너희는 무서워하지 말라 십자가에 못 박히신

예수를 너희가 찾는 줄을 내가 아노라 그가 여기 계시지 않고 **그가 말씀 하시**
던 대로 살아나셨느니라 와서 그가 누우셨던 곳을 보라(마 28:1-6).

안식일이 지나매 막달라 마리아와 야고보의 어머니 마리아와 또 살로메가 가
서 예수께 바르기 위하여 향품을 사다 두었다가 **안식 후 첫날 매우 일찍이 해 돋**
을 때에 그 무덤으로 가며 서로 말하되 누가 우리를 위하여 무덤 문에서 돌을 굴
려 주리요 하더니 눈을 들어본즉 벌써 돌이 굴려져 있는데 그 돌이 심히 크더라
(막 16:1-4).

안식 후 첫날 새벽에 이 여자들이 그 준비한 향품을 가지고 무덤에 가서 **돌이 무**
덤에서 굴려 옮겨진 것을 보고 들어가니 주 예수의 시체가 보이지 아니하더라
(눅 24:1-3).

안식 후 첫날 일찍이 아직 어두울 때에 막달라 마리아가 무덤에 와서 **돌이 무**
덤에서 옮겨진 것을 보고(요 20:1).

14) 불의한 자들은 안식에 들어가지 못하고, 순종하는 자들이 안식 에 들어갔다

그러므로 우리는 두려워할지니 그의 안식에 들어갈 약속이 남아 있을지라도
너희 중에는 혹 이르지 못할 자가 있을까 함이라 … **이미 믿는 우리은 저 안식**
에 들어가는도다 그가 말씀하신 바와 같으니 내가 노하여 맹세한 바와 같이

그들이 내 안식에 들어오지 못하리라 하셨다 하였으나 세상을 창조할 때부터 그 일이 이루어졌느니라 … 또 다시 거기에 그들이 내 안식에 들어오지 못하리라 하였으니 그러면 거기에 들어갈 자들이 남아 있거니와 복음 전함을 먼저 받은 자들은 순종하지 아니함으로 말미암아 들어가지 못하였으므로 … 이미 그의 안식에 들어간 자는 하나님이 자기의 일을 쉬심과 같이 그도 자기의 일을 쉬느니라 그러므로 우리가 **저 안식에 들어가기를 힘쓸지니** 이는 누구든지 저 순종하지 아니하는 본에 빠지지 않게 하려 함이라(히 4:1, 3, 5-6, 10-11).

제10장

하나 됨의 사역과 구원

1. 하나 됨

1) 십자가에 죽으실 때 성소의 휘장에 위에서 아래로 찢어졌다

예수님께서 십자가에서 죽으실 때 성소의 휘장이 위에서 아래로 찢어졌다. 예수님의 십자가 죽음은 죄 용서뿐 아니라 죄로 인해 하나님과 사람 사이에 가로막혔던 담을 허신 것이다. 하나님께서 휘장을 위로부터 아래로 찢으신 것은 평화를 선포한 것이다. 하나님께로 갈 수 있는 길을 열어 놓으신 것이다.

> 예수님께서 다시 크게 소리 지르시고 영혼이 떠나시니라 이에 성소 휘장이 위로부터 아래까지 찢어져 둘이 되고 땅이 진동하며 바위가 터지고 무덤들이 열리며 자던 성도의 몸이 많이 일어나되 예수의 부활 후에 그들이 무덤에서 나와서 거룩한 성에 들어가 많은 사람에게 보이니라 … 이에 성소 휘장이 위로부터 아래까지 찢어져 둘이 되니라 … 성소의 휘장이 한가운데가 찢어

지더라(마 27:50-53; 막 15:38; 눅 23:45).

2) 휘장은 십자가에서 죽으신 예수님의 육체이다. 우리는 예수님의 피로 성소에 담대히 들어가게 되었다

그러므로 형제들아 우리가 예수의 피를 힘입어 성소에 들어갈 담력을 얻었나니 그 길은 우리를 위하여 휘장 가운데로 열어 놓으신 새로운 살 길이요 휘장은 곧 그의 육체니라 또 하나님의 집 다스리는 큰 제사장이 계시매 우리가 마음에 뿌림을 받아 악한 양심으로부터 벗어나고 몸은 맑은 물로 씻음을 받았으니 참 마음과 온전한 믿음으로 하나님께 나아가자(히 10:19-22).

3) 예수님은 십자가의 피로 죄인을 구원하셨다[1]

그때 너희는 그리스도 밖에 있었고 이스라엘 나라 밖의 사람이라 약속의 언약들에 대하여는 외인이요 세상에서 소망이 없고 하나님도 없는 자이더니 이제는 전에 멀리 있던 너희가 그리스도 예수 안에서 그리스도의 피로 가까워졌느니라 그는 우리의 화평이신지라 둘로 하나를 만드사 원수 된 것 곧 중간에 막힌 담을 자기 육체로 허시고 법조문으로 된 계명의 율법을 폐하셨으니 이는 이 둘로 자기 안에서 한 새 사람을 지어 화평하게 하시고 또 십자가로 이 둘을 한 몸으로 하나님과 화목하게 하려 하심이라 원수 된 것을 십자가로

---

1   하나님과 원수되었던 죄인들을 용서하셨다. 하나님과 우리 사이에 막혔던 담을 허셨다. 그래서 하나님과 우리가 화평하게 되었다. 둘이 하나가 되었다.

소멸하시고 또 오셔서 먼 데 있는 너희에게 **평안을 전하시고** 가까운 데 있는 자들에게 평안을 전하셨으니 이는 그로 말미암아 우리 둘이 한 성령 안에서 아버지께 나아감을 얻게 하심이라(엡 2:12-18).

2. 구원과 거듭남

1) 우리는 예수님을 믿기 전에는 허물과 죄로 죽었고, 세상의 풍조와 공중의 권세 잡은 자를 따르는 불순종의 자녀였다

그는 허물과 죄로 죽었던 너희를 살리셨도다 그 때에 너희는 그 가운데서 행하여 이 세상 풍조를 따르고 공중의 권세 잡은 자를 따랐으니 곧 지금 불순종의 아들들 가운데서 역사하는 영이라(엡 2:1-2).

2) 하나님은 우리를 부르시고 의롭다 하신다

'의롭다 칭한다'의 신학적 용어는 칭의(稱義, justification)이다. 칭의는 예수 그리스도의 십자가의 죽음과 부활, 그 복음을 믿음으로 말미암아 하나님께서 죄인을 의롭다고 인정해 주시는 은혜를 말한다. 이신칭의(以信稱義)이다.

또 미리 정하신 그들을 또한, 부르시고 부르신 그들을 또한, 의롭다 하시고 의롭다 하신 그들을 또한, 영화롭게 하셨느니라(롬 8:30).

3) 우리는 예수님을 믿고 새로운 피조물이 된다

그런즉 누구든지 그리스도 안에 있으면 새로운 피조물이라 이전 것은 지나갔으니 보라 새 것이 되었도다(고후 5:17).

4) 하나님은 우리에게 화목하게 하는 직분을 주신다

모든 것이 하나님께로서 났으며 그가 그리스도로 말미암아 우리를 자기와 화목하게 하시고 또 우리에게 화목하게 하는 직분을 주셨으니 곧 하나님께서 그리스도 안에 계시사 세상을 자기와 화목하게 하시며 그들의 죄를 그들에게 돌리지 아니하시고 화목하게 하는 말씀을 우리에게 부탁하셨느니라(고후 5:18-19).

5) 하나님은 우리를 그리스도에게로 이끄신다

나를 보내신 아버지께서 이끌지 아니하시면 아무도 내게 올 수 없으니 오는 그를 내가 마지막 날에 다시 살리리라(요 6:44).

6) 하나님은 구원받을 자들의 마음을 열어 주신다

두아디라 시에 있는 자색 옷감 장사로서 하나님을 섬기는 루디아라 하는 한 여자가 말을 듣고 있을 때 주께서 그 마음을 열어 바울의 말을 따르게 하신지라 (행 16:14).

7) 구원받기로, 영생을 주시기로 작정된 자는 다 믿는다

주께서 이같이 우리에게 명하시되 내가 너를 이방의 빛으로 삼아 너로 땅 끝까지 구원하게 하리라 하셨느니라 하니 이방인들이 듣고 기뻐하여 하나님의 말씀을 찬송하며 영생을 주시기로 작정된 자는 다 믿더라(행 13:47-48).

8) 하나님은 예수 그리스도의 얼굴에 있는 하나님의 영광을 아는 빛을 우리 마음에 비추셔서 알게 하신다

어두운 데에 빛이 비치라 말씀하셨던 그 하나님께서 예수 그리스도의 얼굴에 있는 하나님의 영광을 아는 빛을 우리 마음에 비추셨느니라(고후 4:6).

9) 하나님은 돌같이 굳은 우리의 마음을 제거하셔서 부드러운 마음을 주신다

또 새 영을 너희 속에 두고 새 마음을 너희에게 주되 너희 육신에서 굳은 마음을 제거하고 부드러운 마음을 줄 것이며(겔 36:26).

10) 우리는 예수님을 믿기 전에는 본질상 진노의 자녀였다

전에는 우리도 다 그 가운데서 우리 육체의 욕심을 따라 지내며 육체와 마음의 원하는 것을 하여 다른 이들과 같이 본질상 진노의 자녀이었더니(엡 2:3).

11) 긍휼이 풍성하신 하나님은 우리를 사랑으로 예수 그리스도와 함께 살리셨다

긍휼히 풍성하신 하나님이 우리를 사랑하신 그 큰 사랑을 인하여 허물로 죽은 우리를 그리스도와 함께 살리셨고 너희는 은혜로 구원을 받은 것이라(엡 2:4-5).

12) 하나님은 죄인들을 예수님으로 구원하셔서 양자의 영을 주신다. 그래서 그리스도인들은 하나님을 아빠 아버지라 부르게 되었다

너희는 다시 무서워하는 종의 영을 받지 아니하고 양자의 영을 받았으므로 우리가 아빠 아버지라고 부르짖느니라(롬 8:15).

13) 하나님의 자녀들은 하나님의 영광과 고난을 함께 받는다

자녀이면 또한, 상속자 곧 하나님의 상속자요 그리스도와 함께 한 상속자니 우리
가 그와 함께 영광을 받기 위하여 고난도 함께 받아야 할 것이니라 생각하건대 현
재의 고난은 장차 우리에게 나타날 영광과 비교할 수 없도다(롬 8:17-18).

14) 거듭나지 않으면 하나님 나라에 들어갈 수 없다

예수님께서 대답하여 이르시되 진실로 진실로 네게 이르노니 사람이 거듭나
지 아니하면 하나님의 나라를 볼 수 없느니라 니고데모가 이르되 사람이 늙
으면 어떻게 날 수 있사옵나이까 두 번째 모태에 들어갔다가 날 수 있사옵나
이까 예수님께서 대답하시되 진실로 진실로 네게 이르노니 사람이 물과 성령
으로 나지 아니하면 하나님의 나라에 들어갈 수 없느니라(요 3:3-5).

15) 예수 그리스도를 영접 곧 믿어야 구원을 받고 거듭나게 된다

영접하는 자 곧 그 이름을 믿는 자들에게는 하나님의 자녀가 되는 권세를 주
셨으니 이는 혈통으로나 육정으로나 사람의 뜻으로 나지 아니하고 오직 하나
님께로부터 난 자들이니라(요 1:12-13).

오직 이것을 기록함은 너희로 예수님께서 하나님의 아들 그리스도이심을 믿게 하려 함이요 또 너희로 믿고 그 이름을 힘입어 생명을 얻게 하려 함이니라 (요 20:31).

16) 예수님은 하나님께 갈 수 있는 길이고 진리고 생명이시다

예수님께서 이르시되 내가 곧 길이요 진리요 생명이니 나로 말미암지 않고는 아버지께로 올 자가 없느니라(요 14:6).

17) 예수님 안에는 생명이기에 예수님을 믿으면 영생을 얻는다[2]

그 안에 생명이 있었으니 이 생명은 사람들의 빛이라 … 참 빛 곧 세상에 와서 각 사람에게 비추는 빛이 있었나니 그가 세상에 계셨으며 세상은 그로 말미암아 지은 바 되었으되 세상이 그를 알지 못하였고 자기 땅에 오매 자기 백성이 영접하지 아니하였으나(요 1:4, 9-11).

또 증거는 이것이니 하나님이 우리에게 영생을 주신 것과 이 생명이 그의 아들 안에 있는 그것이니라 아들이 있는 자에게는 생명이 있고 하나님의 아들이 없는 자에게는 생명이 없느니라 내가 하나님의 아들의 이름을 믿는 너희에게 이것을 쓰는 것은 너희로 하여금 너희에게 영생이 있음을 알게 하려 함이라 (요일 5:11-13)

---

2 예수님 안에 생명이 있다. 그 생명은 사람들에게 생명을 주는 빛이다. 빛은 죄의 어둠을 물리치고 밝힌다. 예수님 안에서 생명에 있고 그 생명을 우리에게 주시기 위해 이 땅에 오셨다.

18) 예수님은 성령은 우리를 살리는 영이라 말씀하셨다

살리는 것은 영이니 육은 무익하니라 내가 너희에게 이른 말은 영이요 생명이라

(요 6:63).

19) 우리는 예수님 안에서 속량 곧 죄 사함을 받는다

그 아들 안에서 우리가 속량 곧 죄 사함을 얻었도다 (골 1:14).

20) 우리는 예수 그리스도 십자가의 피로 죄 사함을 받는다

율법을 따라 거의 모든 물건이 피로써 정결하게 되나니 피흘림이 없은즉 사

함이 없느니라 (히 9:22).

21) 예수님의 피는 언약의 피로 죄 사함을 주신다

이것은 죄 사함을 얻게 하려고 많은 사람을 위하여 흘리는바 나의 피 곧 언약

의 피니라 (마 26:28).

이르시되 이것은 많은 사람을 위하여 흘리는 나의 피 곧 언약의 피니라

(막 14:24).

제11장

예수님과 성경

1. 구약성경(모세, 선지자의 글, 시편과 모든 성경)은 예수님에 관한 말씀이 기록되어 있다

이에 모세와 모든 선지자의 글로 시작하여 모든 성경에 쓴 바 자기에 관한 것을 자세히 설명하시니라 … 또 이르시되 내가 너희와 함께 있을 때에 너희에게 말한 바 곧 모세의 율법과 선지자의 글과 시편에 나를 가리켜 기록된 모든 것이 이루어져야 하리라 한 말이 이것이라 하시고 이에 그들의 마음을 열어 성경을 깨닫게 하시고(눅 24:27, 44-45).

너희가 성경에서 영생을 얻는 줄 생각하고 성경을 연구하거니와 이 성경이 곧 내게 대하여 증언하는 것이니라(요 5:39).

어떤 사람은 그리스도라 하며 어떤 이들은 그리스도가 어찌 갈릴리에서 나오겠느냐 성경에 이르기를 그리스도는 다윗의 씨로 또 다윗이 살던 마을 베들레헴에서 나오리라 하지 아니하였느냐 하며(요 7:41-42).

형제들아 성령이 다윗의 입을 통하여 예수 잡는 자들의 길잡이가 된 유다를 가리켜 미리 말씀하신 성경이 응하였으니 마땅하도다(행 1:16).

성령이 빌립더러 이르시되 이 수레로 가까이 나아가라 하시거늘 빌립이 달려가서 선지자 이사야의 글 읽는 것을 듣고 말하되 읽는 것을 깨닫느냐 대답하되 지도해 주는 사람이 없으니 어찌 깨달을 수 있느냐 하고 빌립을 청하여 수레에 올라 같이 앉으라 하니라 읽는 성경 구절은 이것이니 일렀으되 그가 도살자에게로 가는 양과 같이 끌려갔고 털 깎는 자 앞에 있는 어린 양이 조용함과 같이 그의 입을 열지 아니하였도다 그가 굴욕을 당했을 때 공정한 재판도 받지 못하였으니 누가 그의 세대를 말하리요 그의 생명이 땅에서 빼앗김이로다 하였거늘 그 내시가 빌립에게 말하되 청컨대 내가 묻노니 선지자가 이 말한 것이 누구를 가리킴이냐 자기를 가리킴이냐 타인을 가리킴이냐 빌립이 입을 열어 이 글에서 시작하여 예수를 가르쳐 복음을 전하니(행 8:29-35).

이 복음은 하나님이 선지자들을 통하여 그의 아들에 관하여 성경에 미리 약속하신 것이라(롬 1:2).

2. 예수님은 성경의 예언, 약속을 성취하셨다

이에 예수님께서 이르시되 네 칼을 도로 칼집에 꽂으라 칼을 가지는 자는 다 칼로 망하느니라 너는 내가 내 아버지께 구하여 지금 열두 군단 더 되는 천사를 보내시게 할 수 없는 줄로 아느냐 내가 만일 그렇게 하면 이런 일이 있으리라 한 성경이 어떻게 이루어지겠느냐 하시더라 (마 26:52-54).

내가 날마다 너희와 함께 성전에 있으면서 가르쳤으되 너희가 나를 잡지 아니하였도다 그러나 이는 성경을 이루려 함이니라 하시더라 (막 14:49).

3. 예수님은 성경을 읽으셨다

예수님께서 그 자라나신 곳 나사렛에 이르사 안식일에 늘 하시던 대로 회당에 들어가사 성경을 읽으려고 서시매 (눅 4:16).

4. 예수님은 성경의 의미를 가르치셨다

그들이 서로 말하되 길에서 우리에게 말씀하시고 우리에게 성경을 풀어 주실 때에 우리 속에서 마음이 뜨겁지 아니하더냐 하고 … 이에 그들의 마음을 열어 성경을 깨닫게 하시고 (눅 24:32, 45).

비둘기 파는 사람들에게 이르시되 이것을 여기서 가져가라 내 아버지의 집으로 장사하는 집을 만들지 말라 하시니 제자들이 성경 말씀에 주의 전을 사모하는 열심이 나를 삼키리라 한 것을 기억하더라 (요 2:16-17).

5. 제자들은 예수님이 가르친 많은 말씀을 부활 후에야 깨달았다

예수님께서 대답하여 이르시되 너희가 이 성전을 헐라 내가 사흘 동안에 일으키리라 유대인들이 이르되 이 성전은 사십육 년 동안에 지었거늘 네가 삼일 동안에 일으키겠느냐 하더라 그러나 예수는 성전된 자기 육체를 가리켜 말씀하신 것이라 죽은 자 가운데서 살아나신 후에야 제자들이 이 말씀하신 것을 기억하고 성경과 예수님께서 하신 말씀을 믿었더라(요 2:19-22).

그때에야 무덤에 먼저 갔던 그 다른 제자도 들어가 보고 믿더라 그들은 성경에 그가 죽은 자 가운데서 다시 살아나야 하리라 하신 말씀을 아직 알지 못하더라 이에 두 제자가 자기들의 집으로 돌아가니라(요 20:8-10).

6. 예수님을 믿는 자는 성경(구약)에 기록된 것같이 성령을 받는다

나를 믿는 자는 성경에 이름과 같이 그 배에서 생수의 강이 흘러나오리라 하시니 이는 그를 믿는 자들이 받을 성령을 가리켜 말씀하신 것이라 예수님께서 아직 영광을 받지 않으셨으므로 성령이 아직 그들에게 계시지 아니하시더라(요 7:38-39).

7. 예수님은 성경(구약)의 말씀(예언)을 모두 이루셨다(성취, 응하셨다)

내가 너희 모두를 가리켜 말하는 것이 아니니라 나는 내가 택한 자들이 누구인지 앎이라 그러나 내 떡을 먹는 자가 내게 발꿈치를 들었다 한 성경을 응하게 하려는 것이니라(요 13:18).

내가 그들과 함께 있을 때에 내게 주신 아버지의 이름으로 그들을 보전하고 지키었나이다 그 중의 하나도 멸망하지 않고 다만 멸망의 자식뿐이오니 이는 성경을 응하게 함이니이다(요 17:12).

군인들이 서로 말하되 이것을 찢지 말고 누가 얻나 제비 뽑자 하니 이는 성경에 그들이 내 옷을 나누고 내 옷을 제비 뽑나이다 한 것을 응하게 하려 함이러라 군인들은 이런 일을 하고(요 19:24).

그 후에 예수님께서 모든 일이 이미 이루어진 줄 아시고 성경을 응하게 하려 하사 이르시되 내가 목마르다 하시니(요 19:28).

예수께 이르러서는 이미 죽으신 것을 보고 다리를 꺾지 아니하고 그 중 한 군인이 창으로 옆구리를 찌르니 곧 피와 물이 나오더라 이를 본 자가 증언하였으니 그 증언이 참이라 그가 자기의 말하는 것이 참인 줄 알고 너희로 믿게 하려 함이니라 이 일이 일어난 것은 그 뼈가 하나도 꺾이지 아니하리라 한 성경을 응하게 하려 함이라 또 다른 성경에 그들이 그 찌른 자를 보리라 하였느니라(요 19:33-37).

죽일 죄를 하나도 찾지 못하였으나 빌라도에게 죽여 달라 하였으니 성경에
그를 가리켜 기록한 말씀을 다 응하게 한 것이라 후에 나무에서 내려다가 무
덤에 두었으나 하나님이 죽은 자 가운데서 그를 살리신지라(행 13:28-30).

8. 바울은 안식일에 성경을 강론하여 성경에 기록된 예수 그리스도를 증거했다

바울이 자기의 관례대로 그들에게로 들어가서 세 안식일에 성경을 가지고 강
론하며 뜻을 풀어 그리스도가 해를 받고 죽은 자 가운데서 다시 살아나야 할
것을 증언하고 이르되 내가 너희에게 전하는 이 예수가 곧 그리스도라 하니
(행 17:2-3).

9. 베뢰아 사람들은 간절한 마음으로 말씀을 받고 성경이 그런가 하여 날마다 상고했다

베뢰아에 있는 사람들은 데살로니가에 있는 사람들보다 더 너그러워서 간절한 마
음으로 말씀을 받고 이것이 그러한가 하여 날마다 성경을 상고하므로 그 중에 믿
는 사람이 많고 또 헬라의 귀부인과 남자가 적지 아니하나(행 17:11-12).

10. 아볼로는 (구약)성경에 능통했으나 브리스가와 아굴라가 복음을 전하기 전까지 예수 그리스도를 알지 못했다

알렉산드리아에서 난 아볼로라 하는 유대인이 에베소에 이르니 이 사람은 언변이 좋고 성경에 능통한 자라 그가 일찍이 주의 도를 배워 열심으로 예수에 관한 것을 자세히 말하며 가르치나 요한의 세례만 알 따름이라 그가 회당에서 담대히 말하기 시작하거늘 브리스길라와 아굴라가 듣고 데려다가 하나님의 도를 더 정확하게 풀어 이르더라(행 18:24-26).

11. 복음을 듣고 예수 그리스도를 믿게 된 아볼로는 성경으로 예수 그리스도를 증거했다

그가 회당에서 담대히 말하기 시작하거늘 브리스길라와 아굴라가 듣고 데려다가 하나님의 도를 더 정확하게 풀어 이르더라 아볼로가 아가야로 건너가고자 함으로 형제들이 그를 격려하며 제자들에게 편지를 써 영접하라 하였더니 그가 가매 은혜로 말미암아 믿은 자들에게 많은 유익을 주니 이는 성경으로써 예수는 그리스도라고 증언하여 공중 앞에서 힘있게 유대인의 말을 이김이러라(행 18:26-28).

12. 성경은 예수님을 믿는 자는 부끄러움을 당하지 않는다고 말씀한다

사람이 마음으로 믿어 의에 이르고 입으로 시인하여 구원에 이르느니라 성경에 이르되 누구든지 그를 믿는 자는 부끄러움을 당하지 아니하리라 하니 (롬 10:11-12).

13. 예수님은 성경대로 죽으시고 부활하셨다

내가 받은 것을 먼저 너희에게 전하였노니 이는 성경대로 그리스도께서 우리 죄를 위하여 죽으시고 장사 지낸 바 되셨다가 성경대로 사흘 만에 다시 살아나사 (고전 15:3-4).

14. 성경은 예수 그리스도를 믿음으로 죄에서 살게 되는 약속을 주신다

그러면 율법이 하나님의 약속들과 반대되는 것이냐 결코 그럴 수 없느니라 만일 능히 살게 하는 율법을 주셨더라면 의가 반드시 율법으로 말미암았으리라 그러나 성경이 모든 것을 죄 아래에 가두었으니 이는 예수 그리스도를 믿음으로 말미암는 약속을 믿는 자들에게 주려 함이라 (갈 3:21-22).

15. 성경은 주의 일꾼들이 삯을 받는 것이 마땅하다가 가르친다

성경에 일렀으되 곡식을 밟아 떠는 소의 입에 망을 씌우지 말라 하였고 또 일꾼이 그 삯을 받는 것은 마땅하다 하였느니라(딤전 5:18).

16. 성경은 예수 그리스도로 구원을 받으며 교훈과 책망으로 온전한 하나님의 사람으로 만든다

또 어려서부터 성경을 알았나니 성경은 능히 너로 하여금 그리스도 예수 안에 있는 믿음으로 말미암아 구원에 이르는 지혜가 있게 하느니라 모든 성경은 하나님의 감동으로 된 것으로 교훈과 책망과 바르게 함과 의로 교육하기에 유익하니 이는 하나님의 사람으로 온전하게 하며 모든 선한 일을 행할 능력을 갖추게 하려 함이라(딤후 3:15-17).

17. 성경에 기록된 대로 사랑하면 최고의 법을 지키는 것이다. 그러나 말씀을 지키지 않으면 범법자로 정죄 받는다

너희가 만일 성경에 기록된 대로 네 이웃 사랑하기를 네 몸과 같이 하라 하신 최고의 법을 지키면 잘하는 것이거니와 만일 너희가 사람을 차별하여 대하면 죄를 짓는 것이니 율법이 너희를 범법자로 정죄하리라(약 2:8-9).

18. 성경은 하나님의 감동하심을 입은 사람들이 하나님께 받은 말씀이다. 그래서 모든 예언은 사사로이 풀면 안 된다

먼저 알 것은 성경의 모든 예언은 사사로이 풀 것이 아니니 예언은 언제든지 사람의 뜻으로 낸 것이 아니요 오직 성령의 감동하심을 받은 사람들이 하나님께 받아 말한 것임이라(벧후 1:20-21).

19. 성경을 억지로 풀면 스스로 멸망하게 된다

또 그 모든 편지에도 이런 일에 관하여 말하였으되 그 중에 알기 어려운 것이 더러 있으니 무식한 자들과 굳세지 못한 자들이 다른 성경과 같이 그것도 억지로 풀다가 스스로 멸망에 이르느니라(딤후 3:16).

20. 신약성경은 구약성경을 모세의 글과 율법, 율법, 선지자의 글, 시편 등으로 불렀다

내가 율법이나 선지자를 폐하러 온 줄로 생각하지 말라 폐하러 온 것이 아니요 완전하게 하려 함이라(마 5:17).

그러므로 무엇이든지 남에게 대접을 받고자 하는 대로 너희도 남을 대접하라 이것이 **율법이요 선지자**니라(마 7:12).

또 이르시되 내가 너희와 함께 있을 때에 너희에게 말한 바 곧 **모세의 율법과 선지자의 글과 시편**에 나를 가리켜 기록된 모든 것이 이루어져야 하리라 한 말이 이것이라(눅 24:44).

빌립이 나다나엘을 찾아 이르되 **모세가 율법에 기록하였고** 여러 **선지자가 기록한** 그이를 우리가 만났으니 요셉의 아들 나사렛 예수니라(요 1:45).

선지자의 글에 그들이 다 하나님의 가르치심을 받으리라(요 6:45).

그러나 하나님이 **모든 선지자의 입을 통하여** 자기의 그리스도께서 고난 받으실 일을 미리 알게 하신 것을 이와 같이 이루셨느니라(행 3:18).

그들이 날짜를 정하고 그가 유숙하는 집에 많이 오니 바울이 아침부터 저녁까지 강론하여 하나님의 나라를 증언하고 **모세의 율법과 선지자의 말**을 가지고 예수에 대하여 권하더라(행 28:23).

이제는 율법 외에 하나님의 한 의가 나타났으니 **율법과 선지자들**에게 증거를 받은 것이라(롬 3:21).

모세의 율법에 곡식을 밟아 떠는 소에게 망을 씌우지 말라(고전 9:9).

제12장

복음과 십자가

1. 예수님과 복음

1) 예수님은 복음을 전하셨다

주의 성령이 내게 임하셨으니 이는 가난한 자에게 복음을 전하게 하시려고 내게 기름을 부으시고 나를 보내사 포로 된 자에게 자유를, 눈 먼 자에게 다시 보게 함을 전파하며 눌린 자를 자유롭게 하고(눅 4:18).

그 후에 예수님께서 각 성과 마을에 두루 다니시며 하나님의 나라를 선포하시며 그 복음을 전하실새 열두 제자가 함께 하였고(눅 8:1).

하루는 예수님께서 성전에서 백성을 가르치시며 복음을 전하실새 대제사장들과 서기관들이 장로들과 함께 가까이 와서(눅 20:1).

2) 예수님은 하나님 나라의 복음을 전파하셨다

율법과 선지자는 요한의 때까지요 그 후부터는 하나님 나라의 복음이 전파되어 사람마다 그리로 침입하느니라(눅 16:16).

3) 예수님의 사명은 하나님 나라 복음 전파이다

예수님께서 이르시되 내가 다른 동네들에서도 하나님의 나라 복음을 전하여야 하리니 나는 이 일을 위해 보내심을 받았노라 하시고(눅 4:43).

2. 예수님과 십자가

십자가는 크게 세 가지 의미가 있다.

첫째, 사실로서의 십자가이다.

십자가 자체를 나타내는 말이다. 나무 십자가, 형틀인 십자가, 사형 제도인 십자가형 등이다. 고대부터 십자가의 형태는 나타난다. 고대 애굽 벽화나 그림에는 신들은 '크룩스 안타사'로 불리는 고리 십자가를 들고 있다. 고리 십자가는 생명을 상징한다. 십자가는 B.C. 1,000년경부터 앗수르, 베니게, 페르시아 등에서 형법의 한 형태로 사용했다. 십자가 형법이 보편화된 것은 헬라의 알렉산더가 세계를 정복하면서이다.

알렉산더 사후 시리아의 셀류쿠드(Seleucide)와 애굽의 프톨레미(Ptole-
mies) 왕들도 십자가 형법을 응용해 사용했다.

이후 로마인들도 십자가형을 받아들여 사용했다. 로마인들은 B.C. 1
세기 말에 정치적 범죄를 범하는 비로마인들에게 십자가 형벌을 집행했
다. 십자가 형벌의 방법은 시간이 흘러가면서 더 강도가 강해졌다. 로
마 초기에는 십자가 형벌을 받은 자들은 대부분 노예였다. 초기 십자가
형벌은 죄를 범한 노예들이 나무를 목에 대고 팔로 나무를 붙들고 거리
를 지나면서 사람들에게 자기의 죄를 외치게 했다. 사람들에게 죄를 지
었다는 사실을 공포했다. 속죄와 굴욕의 의미였다.

이후 십자가 형벌은 굴욕을 더 가중하기 위해 죄수의 옷을 벗기고 채
찍질을 가했다. 좀 더 후대에는 죄인을 나무에 매달았으나 죽이지는 않
았다. 왜냐하면, 십자가 형벌의 주요 목적은 형벌, 굴욕, 불순종에 대한
징계였기 때문이었다. 그 후 십자가 형벌은 전쟁이나 반란이 일어났을
때 외국인 포로, 반역자, 망명자에게 형벌을 가하는 데까지 확대되었다.

대표적으로 B.C. 73-71년에 로마에서 일어났던 역사적 사건으로 스
파르타쿠스(Spartacus) 반란이 있었다. 로마는 스파르타쿠스 노예 반란을
진압하고 반란 노예 육천 명을 카푸아(Capua)에서 로마까지 이르는 약
200 킬로미터(km)의 아피아 가도(Via Appia)에서 육천 개의 나무에 곧 십
자가에 못 박아 죽였다. A.D. 1세기 이후로는 로마에 대항하는 자들을
벌하는 처형 방법으로 바뀌었다.

유대에서도 십자가는 사용되었다. 하스모니안 왕조 때 일부 유대 폭도
들에 의해 일시 사용했다. 알렉산더 얀네우스는 A.D. 7년 인구조사를 반

대해 반란을 일으킨 유대인 팔백여 명을 십자가 형틀에 못 박아 죽였다. A.D. 7년에 유대 전역에서 일어난 큰 반란으로 헤롯왕이 죽게 되었다. 시리아에 거주했던 로마의 퀸틸리우스 바루스(Quintilius Varus) 총독은 유대의 반란을 진압하기 위해 예루살렘으로 왔다. 바루스는 죄가 경미한 사람들은 풀어주었으나 죄가 무거운 사람들은 십자가에 처형했다. 이때 처형당한 유대인은 이천 명이나 되었다.

A.D. 70년경, 로마의 티투스(Titus) 장군은 예루살렘을 함락하는 동안에 로마 군인들이 여러 달 동안 매일 오백 명의 유대인들을 십자가에 못 박아 죽였다.

둘째, 신학적 의미의 십자가이다.

예수님께서 십자가에서 죽으신 이유가 무엇인지에 대한 신학적 의미를 말해준다. 예수님의 십자가는 죄와 죽음, 죄 용서, 구원, 제자도 등을 의미한다.

셋째, 신앙의 고백으로서 십자가이다.

십자가는 단순히 '나무', '사형법'을 떠나 신앙의 고백으로 승화된다. 예수 그리스도께서 십자가에 죽으신 이유를 고백하는 것이다. 십자가의 죽음은 유대인들의 시기 때문도 아니며, 빌라도의 민중 눈치를 본 잘못된 판결도 아니다. 그것은 드러난 과정뿐이다. 십자가는 구원이고, 우리를 위한 사랑의 실현이다. 그래서 사실로서의 십자가, 그 신학적 의미를 담으며, 그리스도인들은 신앙의 그 신학적, 신앙의 고백을 담아 십자가를 고백했다.

1) 십자가의 사실적 역사

(1) 예수님은 예루살렘으로 올라가실 때 제자들에게 십자가에 죽으시고 부활하실 것을 미리 말씀하셨다

예수님께서 예루살렘으로 올라가려 하실 때에 열두 제자를 따로 데리시고 길에서 이르시되 보라 우리가 예루살렘으로 올라가노니 인자가 대제사장들과 서기관들에게 넘겨지매 그들이 죽이기로 결의하고 이방인들에게 넘겨 주어 그를 조롱하며 채찍질하며 십자가에 못 박게 할 것이나 제삼 일에 살아나리라(마 20:17-19).

이르시기를 인자가 죄인의 손에 넘겨져 십자가에 못 박히고 제삼 일에 다시 살아나야 하리라 하셨느니라 한 대(눅 24:7).

(2) 예수님은 바리새인과 서기관들이 예수님을 십자가로 박해할 것을 말씀하셨다

그러므로 내가 너희에게 선지자들과 지혜 있는 자들과 서기관들을 보내매 너희가 그중에서 더러는 죽이거나 십자가에 못 박고 그중에서 더러는 너희 회당에서 채찍질하고 이 동네에서 저 동네로 따라다니며 박해하리라(마 23:34).

(3) 예수님은 유월절에 팔리고, 십자가에 못 박히게 될 것을 말씀하셨다

너희가 아는 바와 같이 이틀이 지나면 유월절이라 인자가 십자가에 못 박히기 위하여 팔리리라 하시더라(마 26:2).

(4) 빌라도의 재판정에서 대제사장들과 장로들, 군중들은 예수님을 십자가에 못박으라 외쳤다

대제사장들과 장로들이 무리를 권하여 바라바를 달라 하게 하고 예수를 죽이자 하게 하였더니 총독이 대답하여 이르되 둘 중의 누구를 너희에게 놓아 주기를 원하느냐 이르되 바라바로소이다 빌라도가 이르되 그러면 그리스도라 하는 예수를 내가 어떻게 하랴 그들이 다 이르되 십자가에 못 박혀야 하겠나이다(마 27:20-22).

그들은 소리 질러 이르되 그를 십자가에 못 박게 하소서 십자가에 못 박게 하소서 하는지라(눅 23:21).

대제사장들과 아랫사람들이 예수를 보고 소리 질러 이르되 **십자가에 못 박으소서 십자가에 못 박으소서** 하는지라 빌라도가 이르되 너희가 친히 데려다가 십자가에 못 박으라 나는 그에게서 죄를 찾지 못하였노라(요 19:6).

(5) 빌라도는 그들의 요구대로 죄 없으신 예수님을 십자가에 못 박히게 넘겨주었다

이에 바라바는 그들에게 놓아 주고 예수는 채찍질하고 십자가에 못 박히게 넘겨 주니라(마 27:26).

(6) 군병들은 예수님을 십자가에 못 박고 조롱했다

십자가에 못 박고 그 옷을 나눌새 누가 어느 것을 가질까 하여 제비를 뽑더라(마 15:24).

희롱을 다 한 후 홍포를 벗기고 도로 그의 옷을 입혀 십자가에 못 박으려고 끌고 나가니라(마 27:31).

(7) 예수님은 골고다에서 십자가에 못 박히셨다

그들이 예수를 맡으매 예수님께서 자기의 십자가를 지시고 해골(히브리 말로 골고다)이라 하는 곳에 나가시니(요 19:17).

(8) 구레네 사람 시몬은 지나가다가 강제로 끌려와 예수님의 십자가를 대신 지게 되었다

희롱을 다 한 후 홍포를 벗기고 도로 그의 옷을 입혀 십자가에 못 박으려고 끌고 나가니라 나가다가 시몬이란 구레네 사람을 만나매 그에게 예수의 십자가를 억지로 지워 가게 하였더라(마 27:31-32).

(9) 예수님의 십자가 위에는 죄패가 있었고 두 강도가 함께 못 박혔다

그 머리 위에 이는 유대인의 왕 예수라 쓴 죄패를 붙였더라 … 그 위에 있는 죄패에 유대인의 왕이라 썼고 … 그의 위에 이는 유대인의 왕이라 쓴 패가 있더라 … 빌라도가 패를 써서 십자가 위에 붙이니 나사렛 예수 유대인의 왕이라 기록되었더라 예수님께서 못 박히신 곳이 성에서 가까운 고로 많은 유대인이 이 패를 읽는데 히브리와 로마와 헬라 말로 기록되었더라(마 27:37; 막 15:26; 눅 23:38; 요 19:9-10).

(10) 예수님의 십자가를 멀리서 또는 가까이서 보고 있는 여인들이 있었다

예수를 섬기며 갈릴리에서부터 따라온 많은 여자가 거기 있어 멀리서 바라보고 있으니 그 중에는 막달라 마리아와 또 야고보와 요셉의 어머니 마리아와 또 세베대의 아들들의 어머니도 있더라 … 멀리서 바라보는 여자들도 있었는

데 그 중에 막달라 마리아와 또 작은 야고보와 요세의 어머니 마리아와 또 살

로메가 있었으니 … 예수의 십자가 곁에는 그 어머니와 이모와 글로바의 아

내 마리아와 막달라 마리아가 섰는지라(마 27:55-56; 막 15:40; 요 19:25).

(11) 행인들은 십자가에 달리신 예수님을 향해 모욕하며 '십자가에서 내려오라'라고 조롱했다

지나가는 자들은 자기 머리를 흔들며 예수를 모욕하여 이르되 성전을 헐고 사

흘에 짓는 자여 네가 만일 하나님의 아들이어든 자기를 구원하고 십자가에서

내려오라 하며 … 이스라엘의 왕 그리스도가 지금 십자가에서 내려와 우리

가 보고 믿게 할지어다 하며 함께 십자가에 못 박힌 자들도 예수를 욕하더라

(마 27:39-40; 막 15:32).

(12) 예수님과 함께 십자가에 달린 두 강도는 예수님을 욕했다. 그러나 한 편 강도는 회개하며 "당신의 나라에 임하실 때 나를 기억해 달라"고 요청했다

함께 십자가에 못 박힌 강도들도 이와 같이 욕하더라(마 27:44).

하나는 그 사람을 꾸짖어 이르되 네가 동일한 정죄를 받고서도 하나님을 두려워

하지 아니하느냐 우리는 우리가 행한 일에 상당한 보응을 받는 것이니 이에 당연

하거니와 이 사람이 행한 것은 옳지 않은 것이 없느니라 하고 이르되 예수여 당신

의 나라에 임하실 때에 나를 기억하소서 하니 예수님께서 이르시되 내가 진실로

네게 이르노니 오늘 네가 나와 함께 낙원에 있으리라 하시니라(눅 23:40-43).

(13) 예수님은 십자가에서 칠언(架上七言)을 하시고 돌아가셨다

아버지 저들을 사하여 주옵소서 자기들이 하는 것을 알지 못함이니이다
(눅 23:34).

내가 진실로 네게 이르노니 오늘 네가 나와 함께 낙원에 있으리라(눅 23:43).

여자여 보소서 아들이니이다 ⋯ 보라 네 어머니라(요 19:26-27).

엘리 엘리 라마 사박다니 하시니 이는 곧 나의 하나님, 나의 하나님, 어찌하
여 나를 버리셨나이까(마 27:46; 막 15:34).

내가 목마르다(요 19:28).

다 이루었다(요 19:30).

아버지 내 영혼을 아버지 손에 부탁하나이다(눅 23:46).

(14) 예수님은 십자가에 못 박힌 동산 안에 있는 무덤에 장사되었다

예수님께서 십자가에 못 박히신 곳에 동산이 있고 동산 안에 아직 사람을 장사한 일이 없는 새 무덤이 있는지라(요 19:41).

(15) 아리마대 사람 요셉은 십자가에 죽으신 예수님의 시체를 동산 안에 있는 자신의 새 무덤에 장사 지냈다

군인들이 가서 예수와 함께 못 박힌 첫째 사람과 또 그 다른 사람의 다리를 꺾고 예수께 이르러서는 이미 죽으신 것을 보고 다리를 꺾지 아니하고 그 중 한 군인이 창으로 옆구리를 찌르니 곧 피와 물이 나오더라 … 아리마대 사람 요셉은 예수의 제자이나 유대인이 두려워 그것을 숨기더니 이 일 후에 빌라도에게 예수의 시체를 가져가기를 구하매 빌라도가 허락하는지라 이에 가서 예수의 시체를 가져가니라 … 예수님께서 십자가에 못 박히신 곳에 동산이 있고 동산 안에 아직 사람을 장사한 일이 없는 새 무덤이 있는지라 이 날은 유대인의 준비일이요 또 무덤이 가까운 고로 예수를 거기 두니라(요 19:32-34, 38, 41-42).

(16) 예수님은 십자가에서 죽고 부활하셨다

청년이 이르되 놀라지 말라 너희가 십자가에 못 박히신 나사렛 예수를 찾는구나 그가 살아나셨고 여기 계시지 아니하니라 보라 그를 두었던 곳이니라(막 16:6).

2) 신학적 의미를 담고 있는 십자가

(1) 예수님의 제자도는 자기 십자가를 지고 따르는 것이다

또 자기 십자가를 지고 나를 따르지 않는 자도 내게 합당하지 아니하니라 자
기 목숨을 얻는 자는 잃을 것이요 나를 위하여 자기 목숨을 잃는 자는 얻으리
라 … 누구든지 자기 십자가를 지고 나를 따르지 않는 자도 능히 내 제자가
되지 못하리라(마 10:38-39; 눅 14:27).

(2) 예수님은 유월절 전날에 십자가에서 죽으셨다[1]

너희가 아는 바와 같이 이틀이 지나면 유월절이라 인자가 십자가에 못 박히
기 위하여 팔리리라 하시더라(마 26:2).

(3) 예수님은 유월절 양이 되신다[2]

너희는 누룩 없는 자인데 새 덩어리가 되기 위하여 묵은 누룩을 내버리라 우
리의 유월절 양 곧 그리스도께서 희생되셨느니라(고전 5:7).

---

1   유월절은 출애굽 한 날이다. 이스라엘의 장자를 죽음에서 구원하신 날이다. 예수님
     의 십자가는 완전한 유월절이다. 죄의 죽음에서 생명을, 구원을 주신 날이다.
2   예수님은 출애굽 전, 양을 잡아 그 피를 문의 좌우 설주와 인방에 발라 장자의 죽음
     을 구원한 것처럼, 예수님은 유월절 양이 되어 십자가에서 흘리신 피가 죄인을 구원
     하셨다.

(4) 예수님은 모세가 광야에서 뱀을 든 것같이 십자가에 달리셔서 예수님을 믿는 사람마다 영생을 주신다

모세가 광야에서 뱀을 든 것같이 인자도 들려야 하리니 이는 그를 믿는 자마다 영생을 얻게 하려 하심이니라(요 3:14-15).

(5) 예수님의 십자가는 오순절 성령의 임하심 이후 구원의 의미로 선포되었다. 하나님은 십자가로 예수님을 주와 그리스도가 되게 하셨다

그런즉 이스라엘 온 집은 확실히 알지니 너희가 십자가에 못 박은 이 예수를 하나님이 주와 그리스도가 되게 하셨느니라 하니라(행 2:36).

(6) 예수님의 십자가 죽음은 우리가 죄의 몸이 죽어 다시 죄에게 종노릇하지 않게 하심이다

우리가 알거니와 우리의 옛 사람이 예수와 함께 십자가에 못 박힌 것은 죄의 몸이 죽어 다시는 우리가 죄에게 종 노릇 하지 아니하려 함이니(롬 6:6).

(7) 예수님의 십자가는 구원을 이룬다

그리스도께서 나를 보내심은 세례를 베풀게 하려 하심이 아니요 **오직 복음을**
전하게 하려 하심이로되 말의 지혜로 하지 아니함은 그리스도의 십자가가 헛
되지 않게 하려 함이라(고전 1:17).

(8) 십자가의 도(道, the message of the cross)는 그리스도인에게 하나님의 능력이요 하나님의 지혜이다

십자가의 도가 멸망하는 자들에게는 미련한 것이요 구원을 받는 우리에게는
하나님의 능력이라 … 우리는 십자가에 못 박힌 그리스도를 전하니 유대인에
게는 거리끼는 것이요 이방인에게는 미련한 것이로되 오직 부르심을 받은 자
들에게는 유대인이나 헬라인이나 그리스도는 하나님의 능력이요 하나님의
지혜니라(고전 1:18, 23-24).

(9) 이 세대의 통치자들이 영광의 주를 십자가에 못 박았다

이 지혜는 이 세대의 통치자들이 한 사람도 알지 못하였나니 만일 알았더라
면 영광의 주를 십자가에 못 박지 아니하였으리(고전 2:8).

(10) 예수님은 인간의 연약함으로 십자가에 못 박히셨으나 하나님의 능력으로 다시 살아나셨다

그리스도께서 약하심으로 십자가에 못 박히셨으나 하나님의 능력으로 살아 계시니 우리도 그 안에서 약하나 너희에게 대하여 하나님의 능력으로 그와 함께 살리라(고후 13:4).

(11) 그리스도인은 예수님과 함께 십자가에 못 박혀 죽었고, 예수님과 함께 부활한 자들이다

내가 그리스도와 함께 십자가에 못 박혔나니 그런즉 이제는 내가 사는 것이 아니요 오직 내 안에 그리스도께서 사시는 것이라 이제 내가 육체 가운데 사는 것은 나를 사랑하사 나를 위하여 자기 자신을 버리신 하나님의 아들을 믿는 믿음 안에서 사는 것이라(갈 2:20).

(12) 그리스도인들은 정욕과 탐심을 십자가에 못 박아야 한다

그리스도 예수의 사람들은 육체와 함께 그 정욕과 탐심을 십자가에 못 박았느니라 (갈 5:24).

(13) 하나님의 아들이신 예수님께서 십자가에 죽으심은 하나님께 죽기까지 복종하신 결과이다

사람의 모양으로 나타나사 자기를 낮추시고 죽기까지 복종하셨으니 곧 십자가에 죽으심이라(빌 2:8).

(14) 죄인들은 그리스도 십자가의 원수로 행한다

내가 여러 번 너희에게 말하였거니와 이제도 눈물을 흘리며 말하노니 여러 사람들이 그리스도의 십자가의 원수로 행하느니라(빌 3:18).

(15) 예수님은 십자가의 피로 화평을 이루셨다[3]

이제는 전에 멀리 있던 너희가 그리스도 예수 안에서 그리스도의 피로 가까워졌느니라 그는 우리의 화평이신지라 둘로 하나를 만드사 원수 된 것 곧 중간에 막힌 담을 자기 육체로 허시고 … 또 십자가로 이 둘을 한 몸으로 하나님과 화목하게 하려 하심이라 원수 된 것을 십자가로 소멸하시고(엡 2:13-14, 16).

그의 십자가의 피로 화평을 이루사 만물 곧 땅에 있는 것들이나 하늘에 있는 것들이 그로 말미암아 자기와 화목하게 되기를 기뻐하심이라(골 1:20).

---

3   하나님과 원수였던 우리가 하나님과 화평하게 하셨다. 십자가로 하나님과 우리 사이에 막힌 죄의 담을 허셨다.

(16) 십자가는 죄 용서이다

친히 나무에 달려 그 몸으로 우리 죄를 담당하셨으니 이는 우리로 죄에 대하여 죽고 의에 대하여 살게 하려 하심이라 그가 채찍에 맞음으로 너희는 나음을 얻었나니 너희가 전에는 양과 같이 길을 잃었더니 이제는 너희 영혼의 목자와 감독 되신 이에게 돌아왔느니라(벧전 2:24-25).

그리스도께서도 단번에 죄를 위하여 죽으사 의인으로서 불의한 자를 대신하셨으니 이는 우리를 하나님 앞으로 인도하려 하심이라 육체로는 죽임을 당하시고 영으로는 살리심을 받으셨으니(벧전 3:18).

(17) 성전 미문에 앉아 있던 병자를 치료한 것은 십자가에 못 박고 죽은 자 가운데서 살아나신 나사렛 예수 그리스도의 이름으로 건강하게 된 것이다

이에 베드로가 성령이 충만하여 이르되 백성의 관리들과 장로들아 만일 병자에게 행한 착한 일에 대하여 이 사람이 어떻게 구원을 받았느냐고 오늘 우리에게 질문한다면 너희와 모든 이스라엘 백성들은 알라 너희가 십자가에 못 박고 하나님이 죽은 자 가운데서 살리신 나사렛 예수 그리스도의 이름으로 이 사람이 건강하게 되어 너희 앞에 섰느니라(행 4:8-10).

(18) 우리는 십자가로 승리한다

또 범죄와 육체의 무할례로 죽었던 너희를 하나님이 그와 함께 살리시고 우리의 모든 죄를 사하시고 우리를 거스르고 불리하게 하는 법조문으로 쓴 증서를 지우시고 제하여 버리사 **십자가에 못 박으시고** 통치자들과 권세들을 무력화하여 드러내어 구경거리로 삼으시고 십자가로 그들을 이기셨느니라(골 2:13-15).

(19) 이단은 십자가의 원수이다

형제들아 너희는 함께 나를 본받으라 그리고 너희가 우리를 본받은 것처럼 그와 같이 행하는 자들을 눈여겨 보라 내가 여러 번 너희에게 말하였거니와 이제도 눈물을 흘리며 말하노니 **여러 사람들이 그리스도의 십자가의 원수로 행하느니라** 그들의 마침은 멸망이요 그들의 신은 배요(빌 3:17-19).

한 번 빛을 받고 하늘의 은사를 맛보고 성령에 참여한 바 되고 하나님의 선한 말씀과 내세의 능력을 맛보고도 **타락한 자들은 다시 새롭게 하여 회개하게 할 수 없나니** 이는 그들이 하나님의 아들을 다시 십자가에 못 박아 드러내 놓고 욕되게 함이라(히 6:4-6).

(20) 예수님은 부끄러움을 참고 십자가를 지셨다

믿음의 주요 또 온전하게 하시는 이인 예수를 바라보자 그는 그 앞에 있는 기쁨을 위하여 십자가를 참으사 부끄러움을 개의치 아니하시더니 하나님 보좌 우편에 앉으셨느니라(히 12:2).

3) 믿음의 고백으로서 십자가

(1) 바울은 오직 예수 그리스도와 십자가에 못 박힌 것을 아는 것만으로 만족했다. 오직 그리스도의 십자가만이 자랑이다

내가 너희 중에서 예수 그리스도와 그가 십자가에 못 박히신 것 외에는 아무 것도 알지 아니하기로 작정하였음이라(고전 2:2).

그러나 내게는 우리 주 예수 그리스도의 십자가 외에 결코 자랑할 것이 없으니 그리스도로 말미암아 세상이 나를 대하여 십자가에 못 박히고 내가 또한, 세상을 대하여 그러하니라(갈 6:14).

(2) 그리스도의 십자가를 헛되지 않게, 바울은 복음만을 전한다고 했다

그리스도께서 나를 보내심은 세례를 베풀게 하려 하심이 아니요 오직 복음을 전하게 하려 하심이로되 말의 지혜로 하지 아니함은 그리스도의 십자가가 헛되지 않게 하려 함이라(고전 1:17).

형제들아 내가 지금까지 할례를 전한다면 어찌하여 지금까지 박해를 받으리요 그리하였으면 십자가의 걸림돌이 제거되었으리니(갈 5:1).

제13장

예수님의 섬김과 제자들의 직업

1. 예수님의 섬김

1) 예수님은 섬기기 위해 오셨다

너희 중에는 그렇지 않아야 하나니 너희 중에 누구든지 크고자 하는 자는 너희를 섬기는 자가 되고 너희 중에 누구든지 으뜸이 되고자 하는 자는 너희의 종이 되어야 하리라 인자가 온 것은 섬김을 받으려 함이 아니라 도리어 섬기려 하고 자기 목숨을 많은 사람의 대속물로 주려 함이니라(마 20:26-28).

2) 예수님은 머리 둘 곳 곧 집이 없으셨다

예수님께서 이르시되 여우도 굴이 있고 공중의 새도 거처가 있으되 인자는 머리 둘 곳이 없다 하시더라 … 예수님께서 이르시되 여우도 굴이 있고 공중의 새도 집이 있으되 인자는 머리 둘 곳이 없도다 하시고(마 8:20; 눅 9:58).

3) 예수님은 친구이시다

(1) 예수님은 세리와 죄인들의 친구이시다

인자는 와서 먹고 마시매 말하기를 보라 먹기를 탐하고 포도주를 즐기는 사람이요 세리와 죄인의 **친구**로다 하니 지혜는 그 행한 일로 인하여 옳다 함을 얻느니라 … 인자는 와서 먹고 마시매 너희 말이 보라 먹기를 탐하고 포도주를 즐기는 사람이요 세리와 죄인의 **친구**로다 하니(마 11:19; 눅 7:34).

레위가 예수를 위하여 자기 집에서 큰 잔치를 하니 세리와 다른 사람이 많이 함께 앉아 있는지라 바리새인과 그들의 서기관들이 그 제자들을 비방하여 이르되 너희가 어찌하여 세리와 죄인과 함께 먹고 마시느냐 예수님께서 대답하여 이르시되 건강한 자에게는 의사가 쓸 데 없고 병든 자에게라야 쓸 데 있나니 내가 의인을 부르러 온 것이 아니요 죄인을 불러 회개시키러 왔노라(눅 5:29-32).

(2) 예수님은 우리를 위해 목숨을 주시는 친구이시다

사람이 친구를 위하여 자기 목숨을 버리면 이에서 더 큰 사랑이 없나니 너희가 나의 명하는 대로 행하면 곧 나의 **친구**라 이제부터는 너희를 종이라 하지 아니하리니 종은 주인의 하는 것을 알지 못함이라 너희를 **친구**라 하였노니(요 15:13-15).

(3) 예수님은 나사로를 친구라 하셨다

이 말씀을 하신 후에 또 가라사대 우리 친구 나사로가 잠들었도다 그러나 내가 깨우러 가노라(요 11:11).

2. 예수님의 제자들 직업

1) 어부: 베드로와 안드레 형제, 야고보와 요한 형제

갈릴리 해변에 다니시다가 두 형제 곧 베드로라 하는 시몬과 그 형제 안드레가 바다에 그물 던지는 것을 보시니 저희는 어부라 말씀하시되 나를 따라 오너라 내가 너희로 사람을 낚는 어부가 되게 하리라 하시니 저희가 곧 그물을 버려 두고 예수를 좇으니라 거기서 더 가시다가 다른 두 형제 곧 세베대의 아들 야고보와 그 형제 요한이 그 부친 세베대와 한가지로 배에서 그물 깁는 것을 보시고 부르시니 저희가 곧 배와 부친을 버려두고 예수를 좇으니라(마 4:18-22).

2) 세리: 레위 마태, 삭개오

예수님께서 그 곳을 떠나 지나가시다가 마태라 하는 사람이 세관에 앉아 있는 것을 보시고 이르시되 나를 따르라 하시니 일어나 따르니라(마 9:9).

삭개오라 이름하는 자가 있으니 세리장이요 또한, 부자라(눅 19:2).

3) 바리새인이며 관원: 니고데모, 바울

바리새인 중에 니고데모라 하는 사람이 있으니 유대인의 관원이라(요 3:1).

(바울)내가 팔일만에 할례를 받고 이스라엘의 족속이요 베냐민의 지파요 히 브리인 중의 히브리인이요 율법으로는 바리새인이요(빌 3:5).

4) 공회원(산헤드린 공의회: sanhedrin): 아리마대 사람 요셉

저물었을 때에 아리마대 부자 요셉이라 하는 사람이 왔으니 그도 예수의 제자 라 빌라도에게 가서 예수의 시체를 달라 하니 이에 빌라도가 내어주라 분부하 거늘 … 아리마대 사람 요셉이 와서 당돌히 빌라도에게 들어가 예수의 시체 를 달라 하니 이 사람은 존귀한 공회원이요 하나님의 나라를 기다리는 자라 (마 27:57–58; 막 15:43).

5) 열심당원(zealot): 셀롯인 시몬(셀롯은 열심당원이라는 의미)

마태와 도마와 및 알패오의 아들 야고보와 및 셀롯(the Zealot)이라 하는 시몬 과 … 들어가 저희 유하는 다락에 올라가니 베드로, 요한, 야고보, 안드레와 빌립, 도마와 바돌로매, 마태와 및 알패오의 아들 야고보, 셀롯(the Zealot)인 시몬, 야고보의 아들 유다가 다 거기 있어(눅 6:15; 행 1:13).

CLC 예수 그리스도 관련 도서

1. 예수 그리스도의 신분

김재룡 지음 | 신국판 | 192면

2. 예수님처럼 예배하라

콘스탄스 M. 체리 지음 | 김상구, 배영민 옮김 | 신국판 | 176면

3. 모든 병을 고치시는 예수

정인숙 지음 | 신국판 양장 | 276면

4. 예수롭게

박원기 지음 | 사륙변형 | 232면

5. 예수와 대화

최인식 지음 | 신국판 | 876면

6. 예수의 부활

리디야 노바코비치 지음 | 이스호 옮김 | 국판변형 | 308면